AF283153

JOSÉ PÉREZ ADÁN

REPENSAR LA FAMILIA

EUNSA

EDICIONES UNIVERSIDAD DE NAVARRA, S.A.
PAMPLONA

Serie: Familia

Cupón para la Biblioteca Virtual

Accede a la versión eBook de este título por solo **1,99 €**. Con la compra de este libro puedes utilizar el siguiente cupón para la lectura en *streaming** desde la Biblioteca Virtual. **Sigue estas instrucciones** para visualizar tu libro:

1. Diríjete a la web de la Biblioteca Virtual en **https://ebooks.eunsa.es**.

2. En la web ve a **Iniciar sesión** e introduce tu email y contraseña. Si no estás registrado, deberás completar el proceso en **Registrarse**.

3. Tras registrarte, accede a la página del libro o lee el QR de esta página. Bajo el precio podrás **insertar el código oculto en el siguiente cupón** para activar la promoción.

Despegue para visualizar

Acceso directo al eBook

No se admitirá la devolución del libro si el código promocional ha sido manipulado

Canjéalo en ebooks.eunsa.es

*Con acceso a internet desde cualquier navegador.

© 2024. José Pérez Adán
Ediciones Universidad de Navarra, S.A. (EUNSA)
Campus Universitario • Universidad de Navarra • 31009 Pamplona • España
+34 948 25 68 50 • www.eunsa.es • eunsa@eunsa.es

ISBN: 978-84-313-3945-6
DL NA 945-2024

Queda prohibida, salvo excepción prevista en la ley, cualquier forma de reproducción, distribución, comunicación pública y transformación, total o parcial,
de esta obra sin contar con autorización escrita de los titulares del *Copyright*. La
infracción de los derechos mencionados puede ser constitutiva de delito contra
la propiedad intelectual (Artículos 270 y ss. del Código Penal).

Fotografía cubierta
Lisa Fotos, Pexels

Printed in Spain – Impreso en España
Imprime Podiprint

Índice

Introducción

Antes de empezar se ve el autor obligado a anunciar al lector la perspectiva utilizada en la composición de este libro. Lamentablemente no es de extrañar que los libros sobre la familia estén cargados de sesgo ideológico[1]. En este, sin em-

---

1. Para un lúcido análisis de la relación entre ideología, religión, y cultura política *vid.* Fogel, William: *The Fourth Great Awakening and the Future of Egalitarianism* (University of Chicago Press, 2000). El autor apunta que el advenimiento de una cultura de la igualdad que incluya también la igualdad de acceso a los recursos espirituales implica una reducción a la baja de los valores que algunas familias ofrecen a sus miembros. En la discusión sobre qué es primero si la igualdad o los valores, Fogel, como nosotros aquí, apostamos por lo segundo. Los valores son el camino para un mejoramiento gradual y general de la calidad de vida social, que nosotros llamamos salud social. Por el contrario la apuesta irreflexiva por la igualdad en contra de los valores familiares, dilema en el que se encuentran inmersos no pocas veces los programas de los partidos de

bargo, aún reconociendo, como hemos comentado en otro lugar[2], el imposible que representa la aspiración de una ciencia neutra, hemos tratado conscientemente de despojarnos de prejuicios y animosidades para ir de principio a fin a profundizar en un aspecto de nuestra humanidad, el hecho familiar, que queríamos tratar y abarcar con indisimulada novedad.

En este sentido el título del libro es descriptivo. Nuestro objetivo no ha sido proponer lo mismo, eso que desacertadamente se llama familia tradicional, sino mejorar el entendimiento de nuestra realidad familiar con afán de perfeccionar y mejorar nuestra humanidad. Estamos, pues, ante un texto que es en cierto modo también programático y que entraña el deseo de avanzar hacia planteamientos de convivencia humana más justos y equitativos.

Nuestro libro se sitúa entre dos extremos. De un lado estarían los así llamados neocon-

la izquierda oficial, es fruto de la ideologización de discursos que contrariamente a lo argumentado no son neutros. Sobre esto hemos elaborado en Pérez Adán, J. "Family and the Politics of Community Life" en Henry Tam (ed.): *Progressive Politics in the Global Age*, Polity, 2001.

2. Pérez Adán, J. *Sociología; concepto y usos*, Eunsa, 2019.

servadores (neocon) para los que a la hora de
defender la familia se ha de conjugar necesariamente el retorno y la vuelta a los valores seguros
de antaño. De otro lado estarían los que inten-
tan superar la familia mediante el reduccionismo individualista que difumina los límites del
grupo familiar en un multifamilismo resultante
del continuo y cambiante recurso al designio
propio.

A los primeros, los neocon, este autor les pide
paciencia si es que se aventuran con el contenido
de estas páginas. Tenemos planteamientos diver-
gentes y quizá nuestras diferencias se aprecien
más en estos primeros capítulos que siguen, pero
creo que podemos llegar a acuerdos y aspiro a que
al final del libro se entienda, aunque no se comparta, mi planteamiento.

A los segundos, los defensores del multifamilismo, les animaría a leer estas páginas con un
mínimo de apertura, en el sentido que muchos
multifamilistas compartirán conmigo, de apre-
ciar que el individualismo, al menos como posibilidad, tiene fecha de caducidad y deberá ser
sustituido en la cosmovisión moderna por un
diferente tipo de supuesto. Aquí proponemos el
supuesto familiar, un supuesto que es hoy por
hoy totalmente desconocido.

Por último, una nota sistémica. Hemos confeccionado este texto a dos niveles con la idea de que el lector pueda elegir el que más le agrade. Uno, que podríamos llamar el nivel divulgativo, que es el texto despojado de notas. Otro, el nivel académico, es el texto con las notas que incorporan el aparato crítico y los comentarios bibliográficos y referencias. Hemos preferido hacer esta distinción por la naturaleza del contenido con la idea de separar un constructo que nos parece original y que queríamos ofrecer despojado de academicismos y retórica. El lector puede escoger al gusto.

I

Presupuestos

Los presupuestos o fundamentos desde los que se escribe este libro son tres: una ausencia, un lamento, y una necesidad. En primer lugar se trata de una ausencia de sujeto, el sujeto comunitario como paciente por el que pasa y discurre el tiempo. Entendemos que una de las más importantes lacras de nuestro tiempo es la falta de comprensión de nuestra dimensión comunitaria, que es lo que produce la sobredimensión del individualismo. La perspectiva comunitarista late en todo el libro pero como se trata también de una novedad intelectual hemos creído importante comenzar nuestra exposición con un examen de los fundamentos del comunitarismo como ideología. Pensamos que el entendimiento del sujeto colectivo como un sujeto que vive a través del tiempo englobando un pasado y un futuro es de suprema importancia para entendernos como seres familiares, una forma de comunidad.

En segundo lugar, se trata de un lamento por la supresión del tiempo que se manifiesta sobremanera en el protagonismo del consumo en detrimento del ahorro. Efectivamente, el consumismo es mucho más que una traza o sesgo rítmico que se comprueba estadística y comercialmente y que tiene incluso una dimensión parareligiosa con sus templos (grandes superficies), fiestas (días del padre o de la madre), y afán misionero. La sociedad de consumo moderna en la medida en que sustituye el ahorro por el crédito suprime también en nuestro esquema de valores la apuesta por el futuro con la que hasta hace bien poco nos resultaba fácil entender nuestra condición trascendente. En este sentido la sustitución de la trascendencia por la inmanencia que trae el consumismo práctico nos impide ver la familia en toda su amplitud como pivote sobre el que se apoya el progreso humano, razón por la que la reflexión sobre el consumismo es de importancia básica para repensar la familia.

Por último, en tercer lugar, se trata de una necesidad de separar lo que tiene más valor de lo que tiene menos, para así poder discernir óptimos de pésimos sociales, la salud de la enfermedad colectiva. En este sentido vemos necesario partir de una elaboración de las condiciones de valor para poder distinguir progreso de decadencia y apostar por el primero. Como veremos aquí, el valor tiene mucho que ver con el tiempo y creemos que es muy positivo imbricar al tiempo en la separación de contrarios (lo bueno y lo malo, según los filósofos; lo mejor y lo peor, según los sociólogos) pues al hacerlo ello nos arrojará luces importantes para la comprensión del hecho familiar humano.

Comenzamos pues nuestro repensar la familia con un análisis sobre el comunitarismo, el consumismo, y la valía, para, en la segunda parte del libro, ir más de frente discerniendo esa señal de humanidad que llamamos familia.

Vivamos todos unidos
por lazos de afectos sanos
¡Los pueblos están perdidos
si no son grupos de hermanos!
(José María Gabriel y Galán)

¡Ay del árbol solo
que, en un campo yermo, desafía las iras
del rayo que es ciego
(Miguel de Unamuno)

1. Comunitarismo

Que estamos en una era postideológica no es ningún secreto para nadie. Esta es la parte de razón que tenía la hipótesis sobre el fin de la historia que Francis Fukuyama propugnó en 1992. Efectivamente, desde la caída del muro de Berlín en 1989 no se ha propuesto ningún nuevo credo social que haya aunado seguimiento multitudinario. Más bien parece que el liberalismo haya triunfado como praxis deficiente de una teoría cuyos apóstoles llevan predicando con insistencia desde hace ya dos siglos.

Pero el liberalismo va perdiendo fuerza al tiempo que aumenta el riesgo que genera su misma y aparente aquiescencia global. El liberalismo tiene hoy en día tres alternativas que pugnan por hacerse con el derecho de retar en solitario al credo dominante. De esas alternativas, una, el islamismo, es exógena al sistema de pensamiento liberal, mientras que las otras dos, el ecologismo y el comunitarismo, nacen de la misma cosmovisión liberal.

De las tres alternativas es la menos conocida -el comunitarismo-, la que tiene un mayor calado como ideología viable de seguimiento mayoritario. El islamismo carece de fuerza argumentativa a pesar de su fuerza explosiva. La mayor parte de su credo social está generado por la negación liberal y no tiene doctrina positiva propia en el sentido de que los planteamientos ideológicos islámicos modernos son reaccionarios frente al predominio global del credo liberal. Si el liberalismo no hubiese triunfado en occidente y los estados liberales no tuviesen el poder militar que tienen, el islamismo no tendría los perfiles ideológicos con los que le conocemos en la actualidad. Por otro lado al ecologismo le falta altura y peso ideológico y tiene dificultades para presentarse con el necesario carácter totalista, como credo alternativo. Más bien nos encontramos ante una sensibilidad que apunta un problema radical e impostergable pero que puede ser mejor o peor tratado desde las diferentes alternativas políticas.

El comunitarismo es, sin embargo, una ideología de hondo cimiento intelectual que se presenta como una verdadera y plausible alternativa social. El padre del comunitarismo moderno es el sociólogo norteamericano de origen judío, Amitai Etzioni, al que en este libro recurriremos con frecuencia[1].

Vamos a aprovechar estas páginas de inicio para exponer las características y fundamentos

1. Creemos conveniente marcar de entrada las distancias entre Etzioni y otros mal llamados comunitaristas, caso de Anthony Giddens y sus discípulos. La confusión estriba en que gran parte de la difusión mediática europea ha consagrado una interpretación unívoca del término "tercera vía", que originariamente pertenece a Etzioni y no a Giddens, y lo ha interpretado, mediante un reduccionismo forzado, como sinónimo de comunitarismo. El resultado es una caricatura, como hemos tenido oportunidad de mostrar en el capítulo "Etzioni y Giddens frente a frente" en Pérez Adán, J. (ed.) *Las Terceras Vías*, Internacionales, 2001. Etzioni nos parece un pensador y un maestro de referencia, mientras que Giddens, como muestra en el reciente *The Progressive Manifesto; New Ideas for the Centre-Left* (Polity, 2004), no deja de interesarse por la influencia en la arena política en detrimento del rigor académico.

del comunitarismo tal y como lo vemos nosotros. Son unas apreciaciones que, como se verá más adelante, están relacionadas con el estudio de la familia y, más aún, desde las que se ve la familia con una dimensión nueva, ciertamente distinta de la dimensión que ha utilizado hasta ahora el liberalismo.

Los tres aspectos que marcan lo distintivo del comunitarismo en el debate ideológico contemporáneo son: la jerarquía de los valores, la construcción social del valor, y la certificación a posteriori (en sus resultados históricos) de la distinción entre óptimos y pésimos. Vayamos por partes y paso a paso pues una de las novedades que trae el comunitarismo es precisamente una nueva visión de la familia.

I. La jerarquía de los valores

La unidad humana implica el reconocimiento del principio de jerarquía. No es posible la unidad sin la jerarquía. Nos referimos naturalmente a la jerarquía de valores y no a la jerarquía de personas. La jerarquía la reconocemos por ejemplo cuando afirmamos que la vida es más importante que la propiedad y avisamos del peligro que supone darle a la propiedad más valor que a la vida pues ello equivale a esclavizar a unos seres humanos al capricho de otros.

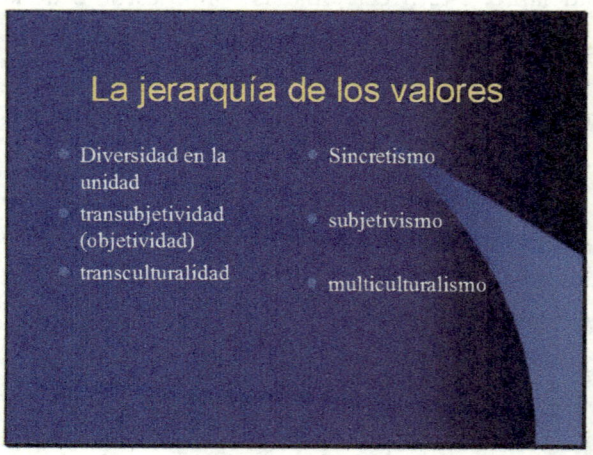

El comunitarismo defiende una jerarquía mínima en valores básicos que permita hablar de la unidad de lo humano[2]. Aquí lo importante no es

2. Desde diversos campos se ha hecho necesario subrayar esta obviedad. Nos parecen particularmente brillantes los análisis efectuados por Hans Magnus Enzensberger: *Los elixires de la ciencia* (Anagrama, 2002) y *La gran migración* (Anagrama, 1992), y por Rodrigo Guerra López, uno de los más importantes filósofos en lengua española: *Afirmar la persona por sí misma* (Comisión Nacional de Derechos Humanos, México, 2003). Ambos planteamientos, como los que se defienden en este libro, y como los que también

tanto qué ¡ sino el mismo principio de jerarquía. Esto es: la negación del sincretismo valorativo.

Convendrá establecer acuerdos mínimos sobre qué principios o valores tienen precedencia, pero lo importante es reconocer que habrá unos valores más importantes que otros aunque en la mayoría de los casos, fuera de los reconocimientos tácitos como los que suponen las codificaciones de derechos humanos, esos acuerdos estén por decidirse. El principio aquí es lo que importa. Este principio se resume en uno de los lemas comunitaristas más repetidos: diversidad en la unidad, que quiere decir pluralidad salvando acuerdos básicos sobre qué sea lo más importante.

Para el comunitarismo una de las facetas centrales de la realidad social humana es la diversidad que se asume y se transmite en el tiempo, que podemos entender como fruto de la libertad de iniciativa comunitaria, y que también podemos llamar extrañeza en la medida en que la diversidad separa lo distinto. La extrañeza, a la que

defienden Pierpaolo Donati en Italia o Carlos Díaz y Jesús Ballesteros en España, pueden encuadrarse dentro de una visión que es al mismo tiempo radical y crítica con los presupuestos de la cultura de la modernidad tardía tal y como se manifiesta y vive en el así llamado mundo desarrollado.

dedicaremos un capítulo entero más adelante, es reconocernos diversos en la unidad de modo que podamos defender al mismo tiempo tanto máximos de diversidad como máximos de unidad, es decir que podamos predicar la máxima diversidad de puertas adentro que nos permita al mismo tiempo la percepción y el reconocimiento unitario y singular de puertas afuera.

Aquí subyace una gran fe en el diálogo y en los acuerdos: el comunitarismo parte de la premisa de que efectivamente podemos llegar a acertar qué es lo más importante[3]. Por el contrario, el sincretista es, en este sentido, un descreído. Cree que como jamás llegaremos a saber qué es lo más importante más vale repartir a partes iguales las importancias. El comunitarista asume que vale la pena asumir el riesgo del error: aún cuando podemos equivocarnos a la hora de discernir las importancias, como quiera que esas

3. Etzioni apunta su entendimiento de la comunidad como una "comunidad de principios" en su primera obra importante, *The Active Society*, publicada en 1968. Ahí define Etzioni una comunidad de principios como un "cuerpo de principios compartidos por los miembros de una unidad social que pone el marco de una peculiar concepción del mundo y una particular visión de sí mismos como grupo" (*op.cit.* The Free Press, p.178).

importancias existen, vale la pena unirnos en su búsqueda.

Otro matiz de consecuencias importantes en la comprensión de los valores es el que nos hace llegar a otra característica importante del comunitarismo cual es su defensa de la transubjetividad como alternativa al subjetivismo. Para el defensor del sincretismo valorativo no podemos afirmar seriamente que nada sea mejor que su contrario; la apuesta por la democracia frente al totalitarismo, por ejemplo, sería solamente resultado del proceso de socialización de la teoría democrática y no de su superioridad moral objetiva.

Mediante la transubjetividad el comunitarismo defiende la objetividad moral frente al relativismo subjetivista. Se argumenta que la gente tiene ciertas normas y valores, sencillamente porque dispone de buenas razones para tenerlos. Estas buenas razones por las que se detentan ciertos valores y no otros son la sola causa de la normatividad. Así, creemos que x es mejor que y porque tenemos fuertes razones para creerlo así. Las convicciones morales tienen razones, y objetividad en base a ellas, de la misma forma que cualquier otro tipo de convicciones o certezas. La objetividad moral es, en este sentido, como cualquier objetividad cognitiva. Y como le ocurre al conocimiento, la moralidad es provisional (en el sentido de que puede rectificarse) sin dejar por ello de ser objetiva. Entendemos que, como veremos después, la objetividad moral no tiene necesariamente que imponerse ni al pasado ni al futuro en forma de credos perennes que impidan reconocernos moralmente perfectibles. Las prioridades morales como las certezas positivas no son de naturaleza atemporal y el proceso discursivo para llegar a ellas es siempre histórico y continuo.

Que los pronunciamientos morales no pueden ser probados de manera racional es un axioma en el que está de acuerdo casi todo el subjetivismo. Frente al subjetivismo está, sin embargo, gran parte de la tradición sociológica cual es el caso de Weber, que apoya lo que él llama la razón axiológica de los criterios morales. Para Weber, como para Etzioni y la mayoría de los comunitaristas, existen criterios analíticos propios para establecer aproximaciones *ad casum* al óptimo moral.

A estas aproximaciones podemos llegar partiendo de la racionalización de las propias circunstancias relacionales. Así, los sujetos individuales comprenden que la sociedad está hecha de vínculos contractuales tácitos cuya transgresión es rechazada por la misma sociedad (como es el caso del rechazo público del hurto). Aquí juegan un gran papel los sentimientos. Se entiende, por ejemplo, que los mismos sentimientos de justicia y legitimidad que existen y son reales, incluyen una dimensión afectiva, que es racional, mal que pese al pensamiento subjetivista. La fuerza de los sentimientos de injusticia es proporcional a la rotundidad de las razones que los apoyan. Razones que son a su vez, por su naturaleza cognitiva, susceptibles de reconocimiento público. A esto es a lo que podemos llamar, transubjetividad. Los sentimientos están fundados en razones que se consideran válidas, en el sentido que se supone que otros sujetos deben de compartir ésos mismos sentimientos en base a las mismas razones[4].

La transubjetividad moral es la alternativa acomodable y humana al rígido objetivismo que defendían los abanderados de la llamada ley natural, con sólo unas diferencias de matiz, además del nombre. El comunitarismo propone una

---

4. Para un análisis de la razonabilidad de las propuestas morales escrito desde fuera de la perspectiva comunitarista *vid.* Toulmin, Stephen: *Return to Reason* (Harvard University Press, 2002).

moral racional de sentido social en la que hay que respetar las prioridades porque son razonables: o sea por su calidad transubjetiva al alcance de todos, y no por su supuesto carácter natural inmutable. La objetividad moral no tiene precedencia lógica al discurso racional sino que más bien es consecuencia de este; un discurso que por mor de nuestra condición mortal está siempre abierto.

Todavía un tercer factor nos lleva a glosar la jerarquía de valores del comunitarismo y es la experiencia de la globalización. En el mercado global el consumismo individualista ve al otro como satisfacción del yo: como un bien de consumo. Es en este sentido en el que la cultura individualista, que es heredera de la concepción liberal, entiende la globalización como la expansión del mercado y la consideración de todos como clientes potenciales y actores de intercambio comercial. Pero el debate que esta consideración plantea para los comunitaristas es el debate de la identidad, pues si todos somos mercaderes en un mismo mercado global, ¿cuál es nuestra identidad? El comunitarismo desarrolla la respuesta a la pregunta contrastando los conceptos de multiculturalidad y transculturalidad y eligiendo entre ellos.

La crítica a la globalización mercantil es inherente al comunitarismo como no podría ser de otra forma para quienes en Etzioni, fundador también de la socioeconomía, se reconocen adversarios del credo neoliberal económico dominante. Si globalizamos el mercado de bienes y capitales pero no globalizamos la dignidad, nuestra identidad como humanos queda cuarteada pues no seríamos libres si una parte nuestra, aunque sea solo una parte, es esclava. Es en este sentido en el que el llamado libre comercio del que alardean los liberales no existe. Cuando comercian entre sí el que esclaviza y el que roba con el que ni esclaviza ni roba, lo que efectivamente se compra y se vende son la propiedad robada y la libertad de terceros. De aquí que para el comunitarismo el debate sobre la globalización tenga que referirse primariamente a la identidad: a quiénes somos los que comerciamos y cómo nos reconocemos colectivamente.

La identidad tiene que ver con la transmisión cultural. La identidad colectiva, la que se transmite con la cultura, es distinta de la individual, y está confirmada por muchas facetas que nos vienen dadas. Cuando en España un no cristiano dice del conjunto a otro no cristiano: "nosotros somos culturalmente cristianos", no está diciendo una falsedad. La identidad cultural cristiana no es lo mismo que la fe individual o la militancia. A esa identidad no solo pertenecen el arte y la historia sino también los ritos de iniciación (ciertas ceremonias), las rutinas sociales (el domingo como día no laborable, o la navidad) e incluso los nombres que llevamos. Desde este punto de vista, en una cultura cabe mucha más riqueza que la que puede llenar ninguna identidad individual. Por eso el comunitarismo presenta el mestizaje cultural como un óptimo social en el sentido que a cualquier identidad colectiva se le pueden incorporar excelencias y mejoras sin miedo de saturación.

La transculturalidad asume que hay culturas mejores y peores y que, por tanto, hay rasgos culturales positivos y negativos, y que las culturas nunca están cerradas o completas y pueden mejorarse o empeorarse. La multiculturalidad, sin embargo, apuesta por la neutralidad de los rasgos y pretende incorporar como valores incluso los contrarios del mismo rango. Esto es, sin embargo, rechazable desde el punto de vista de la convivencia social y de las propuestas de socialización que asume el comunitarismo, razón por la cual los comunitaristas se manifiestan contra el deseo de algunos conservacionistas de mantener reliquias culturales como si de una oferta mercantil se tratase[5].

La transculturalización supone la apertura y la inclusión de los diversos rasgos positivos de otras culturas, así como la elección excluyente entre contrarios (entre poligamia y monogamia, por ejemplo). La multiculturalidad, por otro lado, renuncia al compromiso valorativo. Es decir, es una opción relativista. Aunque en ambos casos, puede conseguirse un mestizaje que se supone óptimo, para unos, los multiculturales, el fin es el medio: la mezcla para que haya de todo; mientras que para otros, los transculturales, la mezcla es para mejorar con el enriquecimiento mutuo.

Las sociedades transculturales que defiende el comunitarismo, siendo mestizas, no tienen por

---

5. En el sentido por ejemplo de querer enriquecer el conjunto, como defiende la propuesta multicultural del canadiense Will Kymlicka (*vid. La política vernácula*, Paidos, 2003). El multiculturalismo (algunos lo llaman simplemente diferencialismo) de Kymlicka es en definitiva un culturalismo más con un importante componente estético implementado (diseñado) desde arriba (por el estado) y que no contempla un planteamiento de nuevos conjuntos o sujetos (además del individuo y el estado) ni tampoco ninguna novedad en el entendimiento del ejercicio del poder.

qué ser identicas. Una sociedad mestiza incorpora rasgos culturales diversos (que no contrarios) y al hacerlo también los elige desechando unos y aceptando otros. Entendemos sin embargo que la multiculturalidad, como vehículo de la globalización implica también uniformidad lo que a la postre produciría una pérdida de la pluralidad y por tanto de libertad con una disminución de la posibilidad de mudarse de una sociedad a otra pues todas serían a la postre iguales. Como vemos, el comunitarismo se distancia claramente del multiculturalismo en la misma medida en que éste se aproxima al relativismo liberal.

II. *La construcción social del valor*

El comunitarismo se argumenta sobre sus propias afirmaciones. Ello no obsta para que responda también a lo que se percibe como distinto para evitar confusiones de acomodo. Algunas de estas confusiones son interesadas y muchas parten de los deseos que algunas escuelas filosóficas muestran para sumar adeptos en sus viejas disputas con escuelas rivales. Hemos de recordar que el comunitarismo nace de la sociología y no debe verse como una corriente filosófica. No obstante, algunos partidarios del neoaristotelismo, a pesar de lo dicho en el punto anterior, tratan de estigmatizar al pensamiento comunitarista como si de un peligro social se tratase acusándole de defender el relativismo normativo.

Creemos que ello se debe a la ignorancia, insuperable para algunos filósofos defensores de la llamada filosofía perenne, de los entresijos de la ciencia sociológica y de los mecanismos de construcción social del valor. Esta ignorancia está a veces generalizada en amplios sectores del pensamiento neoconservador.

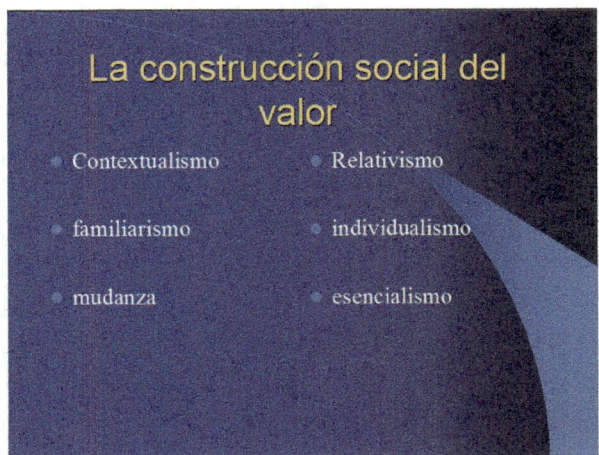

Es comprensible que alguien pueda pensar que ante los inconvenientes que se derivarían del abrazo del relativismo, el naturalismo aparezca como una solución para darnos un juicio de excelencia basado en el redescubrimiento de la naturaleza humana, de manera que en base ello pudiésemos llegar a operar con algunos criterios objetivos de mejoramiento. Ahora bien, el redescubrimiento de Aristóteles por el que aboga esta inquietud, soluciona unos problemas, pero trae también otros. El comunitarismo está decididamente de acuerdo con el naturalismo en que la salud o la excelencia social, es susceptible de comparación en ámbitos sociales concretos y diversos y, por tanto, apoya la idea, como ya hemos afirmado, de la objetividad moral. Sin embargo, el modo concreto a través del cual los naturalistas llegan a los absolutos morales y su esfuerzo en dotarlos de inmutabilidad, sustrae el proceso discursivo de la relación social. Así, una vez que encontramos eso que los neoaristotélicos llaman naturaleza humana, no hay nada más que hablar.

Algunos modernos atisbaron este problema y por eso se fueron con Kant. Pero ahí, estamos en las mismas; como argüía Pareto, el argumento deontológico kantiano traduce el "no debes robar" por el "haz lo que opina el señor Kant, y como a él no le gusta que robes, no robes". Aquí como allí nos encontramos con una cierta inseguridad conceptual e indefensión. Tanto el imperativo categórico kantiano como la naturaleza aristotélica, me dejan inerme y pasivo. Soy llevado por avatares intelectuales ajenos que han descubierto por mí y para mí lo que es mejor. La pregunta es: ¿no hay una forma de escapar de este dirigismo sin abandonar el criterio objetivo de moralidad y por tanto sin caer en el relativismo?

Para el pensamiento comunitarista la respuesta es que por supuesto que la hay. Frente al relativismo el comunitarismo afirma el contextualismo. Los valores se construyen socialmente a través de las relaciones sociales habidas en el tiempo. Los contextos sociotemporales nos proporcionan las seguridades y el amparo precisos para escapar del relativismo. El contexto es un tiempo y una gente, es decir una cultura y una comunidad de relación abierta la memoria histórica y a la experiencia universal que nos sirven de marco de objetivación.

Aquí se hace daño a una aseveración capital del liberalismo cual es la del reduccionismo individualista[6]. La historia no la hacen solo los

---

6. El individualismo deviene hoy tanto de discursos azules (liberales, de derechas) como rojiverdes (socialistas, de izquierdas). Como ejemplo de argumentaciones en pro

individuos, también la hacen los contextos, los colectivos y grupos humanos en su devenir por el tiempo. El entendimiento de la sociedad como sujeto histórico activo forma parte de los fundamentos del credo comunitarista. En este sentido se puede decir con afán de señalar contrarios que lo opuesto al comunitarismo es el individualismo.

Llegados a este punto podemos preguntarnos con los modernos teóricos del pensamiento comunitarista algo sobre lo que volveremos a menudo en este libro:

¿qué es lo que nos hace humanos? ¿qué me da a mí mi identidad humana? La respuesta que da el comunitarismo se aleja como el ecuador de los polos de las concepciones biologistas que

de una moral neoindividualista liberal tenemos la de Gilles Lipovetsky en *Metamorfosis de la cultura liberal* (Anagrama, 2003). Como ejemplo de propuesta en defensa de una "democratización de la individualización" desde el ecosocialismo tenemos la de Ulrick Beck y Elisabeth Beck-Gernsheim en *La individualización* (Paidos, 2003). Si hubiéramos de situar al comunitarismo como ideología respecto de estas dos posturas habríamos de decir que el comunitarismo no se sitúa entre una y otra sino frente a ambas en la medida en que apuesta por un sujeto que hoy por hoy no está reconocido ni por la ideología liberal ni por la socialista.

buscan la identidad humana en la genética[7]. El genoma explicativo humano no está compuesto por secuencias de adn, más bien está formado, como expondremos más adelante, por herencias familiares. Lo que a nosotros los humanos nos hace humanos es nuestra condición familiar: que somos familiares al modo humano.

Estamos aquí dilucidando sobre el sujeto y tratando de posicionarnos frente al pensamiento dominante que entiende mayormente al sujeto desde el exclusivismo individualista. La afirmación comunitarista básica es que los sujetos humanos son al mismo tiempo individual y grupalmente diversos y que la distinción humana es fruto tanto de la incomunicabilidad espacial de los individuos como de su comunicabilidad familiar.

La defensa de la comunidad que hace el comunitarismo debe entenderse no obstante en plu-

---

7. Entre los estudios más relevantes *vid*. Ridley, Matt: *Nature via Nurture,* (Harper Collins, 2003), y Pinker, Steven: *The Blank State* (Penguin, 2004). Para un examen detallado de los debates sociológicos y filosóficos al respecto *vid*. Fukuyama, Francis: *El fin del hombre* (Ediciones B, 2002) , y Habermas, Jurgen: *El futuro de la naturaleza humana* (Paidos, 2003). El mejor estudio español al respecto es Ballesteros, Jesús (ed.): *La humanidad in vitro,* (Comares, 2001).

ral. La familia es solo una de las muchas comunidades a las que pertenecemos cada uno. Esta misma pluralidad comunitaria hace imposible la afirmación espacial de ninguna comunidad sobre otra. De ahí que la crítica liberal que mete en el mismo carro a comunitaristas y nacionalistas no tenga sentido. El nacionalismo es la negación de la comunidad en la medida en que supone borrar del mapa todas las comunidades (entre ellas las más importantes) menos una (que nunca es la más importante).

Todavía hay otra crítica que queda latente y que el conservadurismo neoaristotélico suele hacer desacertadamente al comunitarismo y que precisamos traer a colación ahora antes del desarrollo de nuestra tesis sobre la familia: la de que es imposible defender lo que de comunitario tenga lo humano sin un reconocimiento a perpetuidad de ciertos valores tradicionales. Es decir, sin reconocer ciertas inmutabilidades.

Aquí de nuevo notamos una deficiente comprensión por parte de estos críticos, de lo que supone el cambio social que estudia la sociología y que ha tenido manifestaciones de radical novedad en los avatares científicos y sociales de los últimos años.

Para el comunitarismo los absolutos morales, a los que ya nos hemos referido, no son inamovibles a través del tiempo sin perder, con ello, su condición de absolutos dentro del tiempo. Ya dijimos que no hacemos un discurso distinto para las verdades morales del que se hace para las certezas positivas, que también tienen su razón histórica propia. Aquí ya no hablamos de naturalezas inmutables, sino simplemente de objetividad moral, de "absolutos" o prioridades morales que en el discurso comunitarista no son inmutables, sino provisionales y por tanto perfectibles.

El comunitarismo es pues una ideología que apuesta por el cambio y la mudanza frente al esencialismo que abraza el inmovilismo conservador. Un acertado entendimiento de la construcción social del valor supone entender a los humanos como agentes históricos productores de tiempo en el sentido de que renunciamos a considerar el carácter inmutable (atemporal) de las esencias. Es decir: de alguna manera nosotros nos autocreamos colectivamente de continuo pues la construcción social del valor se extiende también a los valores sociales. Esto, que puede parecer una ventaja que descubre un poder inconsciente, es, de hecho, un riesgo pues este poder humano puede también destruir. Ello está de acuerdo con la conciencia creciente acerca de la capacidad humana para acabar con la historia, no en el sentido en el que hablaba Fukuyama, sino en el sentido de que somos conscientes de que nuestra capacidad autodestructora no tiene paliativos y puede efectivamente implementarse.

Naturalmente esto no lo puede entender el lenguaje esencialista que siempre ha entendido el tiempo como un continuo sin fin. Para el comunitarismo, por el contrario, la mudanza es más histórica que la permanencia y entre los sujetos de cambio figuran preminentemente las comunidades humanas aún cuando ellas mismas, las comunidades, estén sujetas al cambio y puedan por tanto desaparecer eventualmente.

Creemos que este discurso es ciertamente novedoso, sobre todo si lo contemplamos desde la óptica de la creación de valor. Las comunidades crean valor en el sentido que su cantidad (de comunidades) tiene relación con su calidad (de valores). De ahí que se entienda que el progreso humano pasa por el reconocimiento apoyo y fomento de cuantas comunidades forme la libertad humana, cuantas más mejor, y los valores con que esas comunidades nos regalen.

III. *La certificación a posteriori*

Como ya hemos apuntado el comunitarismo nace de la sociología y quizá por mor de esta coyuntura dé importancia primordial a la certificación de los estados de excelencia mediante su contrastación empírica *post hoc* o *a posteriori*.

Parte de ese esfuerzo supone situarse de lleno en el marco de verificación de la ciencia contable y entender la felicidad colectiva como un estado medible sujeto a contraste. Nos alejamos pues de los intentos de elucubración especulativa sobre los estados de salud colectiva que tan desgraciada herencia han dejado en la historia de las luchas sociales del siglo XX con la promesa de paraísos y utopías que después nunca han llegado.

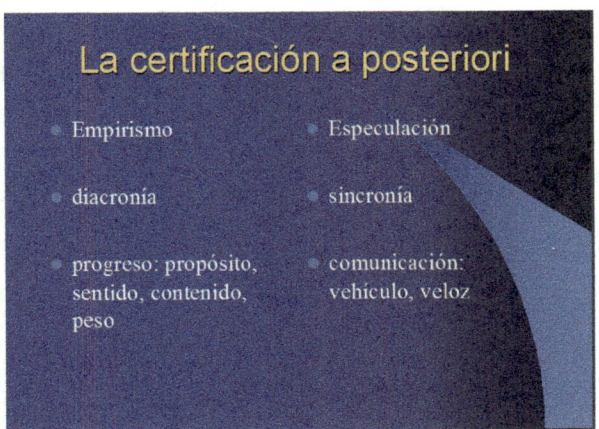

A día de hoy la ciencia social dispone de indicadores complejos y varios para comparar y medir las excelencias de esos sujetos colectivos que llamamos comunidades y que según hemos visto son también protagonistas de historia. Al dar prioridad al rendimiento de felicidad el comunitarismo asume que:

a) la historia reciente depara mas que suficientes ejemplos para aseverar que el espíritu comunitario, la cooperación y la ayuda mutua son elementos dinamizadores del progreso y de la felicidad colectivas, y

b) los indicadores de felicidad, como los indicadores de salud, se miden indirectamente por defecto, en el bien entendido que asumimos que hay más salud o felicidad allí donde se encuentra menos enfermedad o disfunción que es lo que en definitiva examinaremos.

A diferencia de otros credos sociales de historia convulsiva y agresiva, el comunitarismo no propone ninguna utopía positiva. Se trata de un credo purgado de especulación utópica. Lo que le da, como ha ocurrido también con el liberalismo,

unas dosis de realismo que lo acercan a lo plausible. Nos alejamos por tanto de cualquier afán
moldealista, entendido como el deseo de diseñar
la sociedad porvenir, para centrarnos en apuestas
vehiculares que propicien convenios, consensos,
y uniones diversas, sin agostar la imaginación y
el espíritu emprendedor humanos.

Este carencia de hoja de ruta o de programa
político forma parte también de su misma configuración ideológica. Así el comunitarismo asume
en su propia construcción racional el presupuesto
que detecta como eje vertebrador de la realidad
social, esto es: la diacronía.

Se trata del esfuerzo de coherencia que implica entender la sociedad, no solo como un conjunto de relaciones entre actores individuales que
coinciden en un tiempo, sino como el marco de
sucesión temporal en el que viven actores grupales para los que la relación básica no es la relación
horizontal sincrónica sino la relación vertical diacrónica a través del tiempo.

La diacronía supone el diálogo intergenera-
cional y ese diálogo es, como se podrá suponer,
muy poco determinativo y en absoluto programático. Al dialogar con el futuro, nuestros hijos, por ejemplo, asumimos sus aspiraciones sin
usurpaciones. Quizá una de las mayores lacras

del liberalismo ideológico, por supuesto presente entre los que se denominan socialistas pero son también culturalmente liberales, ha sido su imposición sobre el futuro por mor de una defensa sin crítica de la autonomía individual, caso que se exagera en la selección o en el diseño genético de los humanos por venir[8].

Por ultimo apuntaremos otra característica señera de la ideología comunitarista que es la afirmación de la vocación ideológica alternativa que la hace presentarse como credo asumible mayoritariamente y como línea de canalización de las propuestas de progreso humano frente a

8. Esta lacra es consecuencia directa de la negación de la familia como conformante de humanidad. Tanto la negación del sujeto familiar para la afirmación del individual como para la afirmación del colectivo patrio, es decir, tanto el individualismo como el nacional socialismo, acaban fomentando tarde o temprano la eugenesia. En la obra colectiva *Genética y Justicia* (en el original *From Chance to Choice; Genetics and Justice*), Cambridge University Press, 2002, encontramos un magnífico análisis e historia de la eugenesia así como las implicaciones actuales derivadas de su práctica en la fecundación artificial. Para una valoración de la eugenesia nazi *vid.* Weyers, Wolfgang: *The Death of Medicine in Nazi Germany* (Madison, 2000) y Proctor, Robert: *The Nazi War on Cancer*, (Princeton University Press, 2000).

los inconvenientes y disfunciones que acarrea la continuidad del credo liberal. Para los comunitaristas el liberalismo ha encontrado por fin un algo mejor que quiere decididamente competir con él.

El comunitarismo supone que frente a los sesgos excluyentes del individualismo puede apostarse por la comunidad, las muchas comunidades a las que simultáneamente pertenecemos los humanos, y que ello puede hacerse sin utilizar o depender de instrumentos monopolizadores de comunidad como son los estados.

En este sentido el comunitarismo representa la renovación de la ideología progresista. La idea de progreso y desarrollo entendida como un mejoramiento irrenunciable de lo colectivo medido y verificable empíricamente, y no precisamente en réditos contables, solo está defendida hoy en día por el comunitarismo. La ideología liberal, tanto en su vertiente política conservadora como socialista, hace ya tiempo que ha renunciado al progreso. Los liberales no quieren un mundo mejor porque se han convertido en escépticos cualitativos y no saben qué es mejorar más allá de garantizar cotas equitativas para la aspiración acumulativa de bienes materiales. Solo en el comunitarismo encontramos hoy un discurso coherente sobre la naturaleza del poder y del mejoramiento humanos.

El entendimiento de las comunidades como grupos primarios no vicarios trabajando desde el marco de los estados de derecho hacia horizontes insospechados tiene, además, un potencial creativo notable. El comunitarismo puede hacernos repensar los actuales monopolios de poder de forma que nos sintamos capaces de transformar nuestro ordenamiento político. El comunitarismo puede hacernos pensar de nuevo como posibles, logros que hasta hace poco veíamos imposibles como cuando hablamos de familias soberanas, de más sociedad y menos estado, o de óptimos mestizos, y ello sin el halo utópico con el que hasta ahora habíamos tenido que referirnos a estos conceptos. Todas las aportaciones que realizamos en este libro sobre la familia nacen de la adscripción intelectual del autor al pensamiento comunitarista.

Afable comedimiento alaben todos en ti,
porque resbalar de aquí es de bajo entendimiento
(Juan Rufo, a su hijo siendo niño)

2. Consumo y juventud: una cultura para la violencia

I. *Consumismo e individualismo*

Nuestra cultura está llena de paradojas. Vamos a examinar algunas al tiempo que estudiamos el fenómeno del consumismo y lo relacionamos en primer lugar con el individualismo, en segundo lugar con la autonomía y en tercer lugar, como resumen, con la violencia. Al ver cada una de estas relaciones reseñaremos las paradojas y contradicciones principales de la cultura que proponemos a nuestros jóvenes con el ánimo de encauzar un cierto propósito de enmienda que tenga también repercusión en nuestra vida cotidiana.

Quizá unas de las paradojas más notables de nuestro tiempo sea que mientras que para el consumo todos somos iguales, de hecho el consumo de lo mismo nos hace un poco lo mismo y por tanto iguales, el individualismo sea también una de las trazas culturales más importantes del mundo moderno. Por un lado somos iguales como consumidores y por otro somos distintos (aunque solo sea numéricamente distintos) como individuos.

Esta paradoja moderna contrasta con otra paradoja clásica. Para los clásicos el secreto de la felicidad colectiva, es decir el condicionante radical de la utopía, del bienestar común que dibujaron Platón, Moro, e incluso el socialismo llamado utópico del siglo XIX, era la conjunción de dos factores aparentemente contrapuestos: la sobriedad y la afluencia. Se trataba, como bien sabemos, de la sobriedad privada y de la afluencia pública.

Nosotros hoy hemos olvidado al sujeto colectivo y, como consecuencia los clásicos, que hablaban de cánones y se atrevían a diseñar y proponer entornos de felicidad para todos, nos parecen desfasados. Por eso nosotros, nuestro mundo, está tan lejos de la utopía. De hecho camina en el sentido opuesto al camino que propugnaba la paradoja de nuestros antepasados: nuestra cultura nos propone hoy el camino que va por el consumo (lujo) privado hacia el olvido y la destrucción por inanición de lo público. Efectivamente hemos pasado de primar la relación e interacción directa de unos con otros a primar la interacción de uno con las cosas que son objeto de consumo.

El mismo sentido del término "utopía" ha cambiado de significado. Antes la utopía estaba en la sobriedad libremente asumida pero como algo que la razón aconsejaba y que era difícil de conseguir, la dificultad estaba en encontrar la fórmula política con la que plasmar un acuerdo tácito y general que se pensaba era de sentido común. Hoy la utopía está, sin embargo, en el mismo punto de partida en la medida en que se considera utópica la pretensión de entender la sobriedad como algo razonable. Pero, ¿qué es la sobriedad?

Para ello y para ceñir el tema que tratamos sin tener que traducir términos de un tiempo a otro, vamos a ilustrar la sobriedad a que nos referimos con imágenes de comportamiento sobrio.

Podemos pensar en la sobriedad contemplando a Escipión y en concreto el episodio histórico de la contención de Escipión que renuncia al disfrute del botín de conquista y que tantas veces ha sido representado por el arte pictórico en todas las épocas con bellos cuadros de Bellini, Tiépolo, Reynolds, Van Dyck, Poussin, o, entre nosotros, Madrazo.

Podemos también ver la sobriedad encarnada en la vida y aspiraciones de los protagonistas del Quijote. De hecho creemos, como hemos glosado en otro lugar que es esta, la trama del comportamiento sobrio, la trama central de la novela[9].

Podemos, por último, ver la sobriedad asimismo en el comportamiento noble que nos ilustra la tauromaquia. Es la nobleza, así se usa el término propiamente en la corrida, del toro que no usa su fuerza más que en buena lid, pudiendo como fiera irracional, beneficiarse de un comportamiento con menos freno para su fuerza y bravura.

En estos tres ejemplos de Escipión, El Quijote y el toro, nos hemos referido a la sobriedad como autocontención. Una autocontención que tiene sentido en un contexto de referencia que engloba a algo más y sobretodo a alguien más que al que se contiene. La sobriedad a la que nos estamos refiriendo es la autocontención privada que da razón de la armonía en la relación pública.

Si el consumismo es la afirmación que hace el individuo de lo privado sobre lo público, por el contrario la contención que refleja el comporta-

9. "El comunitarismo de El Quijote" en Pérez Adán, J. (ed): *Comunitarismo* (LaCaja, 2003).

miento sobrio es la afirmación que el individuo hace de la comunidad sobre él o ella misma.

Usemos un diagrama para representar gráficamente los contrastes y apuntar los óptimos sociales conjugando las variables de oposición entre sobriedad y afluencia, con las variables de agencia según nos refiramos al ámbito privado o al público.

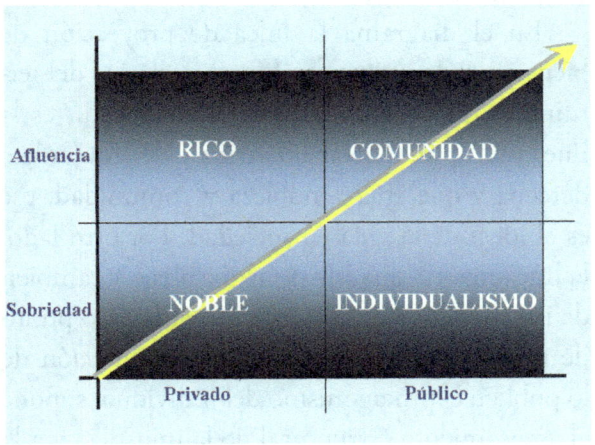

En el cuadro tratamos de representar la importancia que supone considerar dónde se hace el gasto que representa la afluencia y como contrapartida dónde se efectúa el ahorro que representa la sobriedad, en la dicotomía de sujetos, bien sea en el sujeto individual, que llamamos privado, o en el colectivo, que es el público. Así, entendemos que la afluencia privada resulta en la riqueza (el rico caricaturesco de siempre) mientras que la sobriedad privada, que pasa generalmente desapercibida, supone la nobleza. Por otro lado, la sobriedad pública (el ocultamiento del sujeto colectivo) resulta en el individualismo, mientras que la afluencia pública depara el protagonismo de las comunidades.

En el diagrama la línea de proyección de bienestar y de utopía en el sentido clásico del termino al que nos estamos refiriendo aquí, es la línea que apunta de abajo arriba y de izquierda a derecha y que enlaza nobleza y comunidad: ese es el ideal de la vida en sociedad. Por otro lado, la línea inversa que iría de arriba abajo y también de izquierda a derecha y que apunta como punto de partida la riqueza y como representación de lo público el protagonismo del individuo, supone el asentamiento estructural de la injusticia y a la postre la desvinculación relacional y la desaparición de la misma sociedad.

Por eso podemos decir que la relación entre consumismo e individualismo es una relación viciada de base y como tal es social y comunitariamente inmoral. El consumismo en su resultado individualista supone una lacra para toda la sociedad: todos, toda la sociedad, salimos perdiendo si gana el consumismo, entre otras cosas porque gana el individualismo. Donde priva la cultura consumista no pueden desarrollarse los vínculos comunitarios de tipo identitario.

II. *Consumismo y autonomía*

Centrémonos ahora en otra paradoja de nuestro tiempo. En la medida en que el consumismo nos hace dependientes de la mercancía y se torna muchas veces en una inercia adictiva, resalta con fuerza el contraste que esta atadura supone para otro de los grandes iconos del mundo moderno: la ilusión liberal de la autonomía individual. Esta es la paradoja de la autonomía y la dependencia: somos autónomos porque podemos elegir consumiendo pero somos al mismo tiempo dependientes porque nos hacemos esclavos del consumo.

Efectivamente la elección consumista es a la postre una acción desintegradora y desvinculante. Por un lado es desvinculante porque la sociedad supone la integración esforzada de diversidad y el consumismo nos depara una uniformidad que no hace falta esforzarse en integrar. Es también desvinculante por otro lado, porque nos priva de valor en el sentido de que venimos a ser como cromos repetidos de los que fácilmente podemos prescindir en la colección. Esto no es lo que los economistas clásicos del XVII y XVIII pensaron que haría el mercado: juntar lo diverso para enriquecer la diversidad. Más bien al contrario el consumismo ha hecho que el mercado sustituya al corazón humano produciendo replicabilidad y dependencia al responder del mismo modo y predictiblemente a estímulos estudiados.

El manifiesto Diversidad en la Unidad (DEU) confeccionado por iniciativa de Etzioni en el 2002 y que están divulgando los comunitaristas viene precisamente a denunciar esta inversión[10]. El engaño consumista crea dependencia en la medida en que nos insta a consumir engañando nuestra autonomía diciéndonos que por la unidad de acción (el consumo) llegamos a la diversidad (de posesiones). Más bien es al contrario; es por la diversidad por donde llegamos a la unidad: por lo variado, por lo distinto, y no por los moldes, las modas y la uniformidad, por donde llegamos a la armonía de la unidad que en definitiva es respeto convivencial por la diferen-

10. Para recursos en red sobre comunitarismo *vid.* https://ulia.org/comunitarismo y www.uv.es/sasece.

cia vivida en base al respeto universal por la vida, todas las vidas.

Si hay un texto que muestra este contraste y denuncia la imposición del mimetismo, ese es el magistral ensayo: "Veo a Satán caer como el relámpago", uno de los libros más lúcidos editados en los últimos años. El libro de René Girard[11] muestra y critica al mismo tiempo cómo es que nuestros deseos no son autónomos sino comunes. En definitiva ello ocurre porque deseamos no cosas sino las cosas que desean otros: estamos ante lo que el autor francés llama el deseo mimético. El deseo mimético lleva al consumo mimético y desgraciadamente anida y fomenta a la larga el afán de suplantación del otro.

Por eso el consumismo riñe a la postre no ya con nuestra posibilidad de ser autónomos y distintos sino lo que es quizá más peligroso, con la posibilidad de que los otros sean distintos. Lo que observamos es que quizá sin darnos cuenta podemos estar intercambiando dioses que se autoexcluyen. Pasamos del deseo mimético que equivale a una idolatría del otro (hoy muchos jóvenes aspiran a triunfar, que quiere decir llegar a

11. Anagrama, 2002.

ser un ídolo), a la idolatría del yo que se produce como efecto de la suplantación de todo por el ego. Ello, como hemos manifestado en otro lugar supone la muerte del hombre en la divinización del yo. Nietzsche estaba equivocado, no es que haya muerto Dios, es que ha muerto el hombre porque ahora todos somos dioses.

Pero volvamos a nuestro diagrama en el afán de explicarnos mejor.

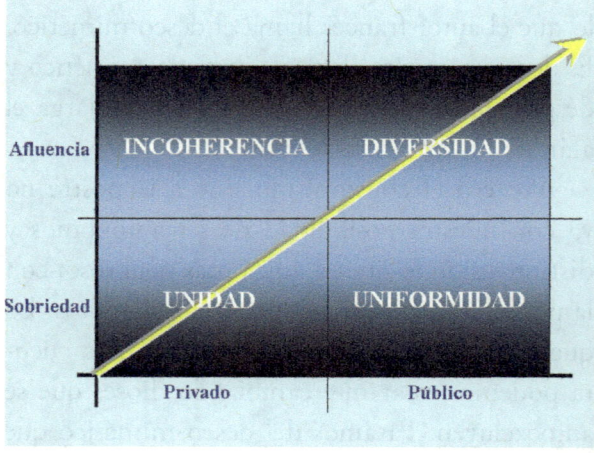

En el cuadro tratamos de representar la importancia que supone considerar dónde se hace, o mejor dicho quién hace, la selección de libertades o elecciones. Así, entendemos que la afluencia privada, el permitirse todas las libertades para sí, resulta en la incoherencia de elegir lo uno y lo otro (ser ecologista y desperdiciador, o tomar vino y cerveza) mientras que la sobriedad privada en la elección supone la unidad de decirle al camarero "a mí lo mismo". Por otro lado, la sobriedad pública (el mínimo de ofertas elegibles) resulta en la uniformidad, mientras que la afluencia pública depara la diversidad.

Como antes, la línea de proyección del ideal de salud social es la línea que afirma la unidad y la diversidad en la medida en que identificamos nuestra aspiración de libertad en que los demás tengan el máximo posible. Por otro lado, la línea o tendencia inversa apunta esclavitud: máximas libertades para mí y mínimas para los demás.

El fenómeno del aumento de las dependencias y del mimetismo yo lo tengo gráficamente representado el autor en una escena que observé en el rancho de los padres de un amigo australiano, Paul Grant, en Grenfell, en Nueva Gales del Sur. Al esperar en el coche hasta que toda una manada de borregos cruzasen el camino simplemente porque uno lo había cruzado, me di cuenta experimentalmente que el borrego no es independiente. La pregunta, naturalmente es si con los mismos contenidos, la misma moda, la misma uniformización, no estamos nosotros proponiendo borreguismo a nuestros jóvenes.

Se trata creo yo, que efectivamente estamos ante una propuesta interesada, consciente y explícita. Cuando vemos a quién o a quienes conviene la oferta de grandes cantidades de uniformidad sin contenidos y nos damos cuenta que conviene fundamentalmente al que vende y se lucra con más clientela, que a su vez y precisamente por eso se propone a sí mismo como ídolo pues en nuestro mundo el que triunfa es el que vende más, quizá nos damos cuenta de la falsedad del mercantilismo y del sistema de producción y consumo que tan acrítica e ingenuamente aceptamos sin más. Pero hay algo que me da todavía más desasosiego y es preguntarme a quién conviene que la juventud no sea distinta y la respuesta es que conviene al que tiene poder, al que controla. Por eso creo que es necesario redescubrir la libertad: el fantasma de una democracia sin libertad es quizá un susto del que los europeos no estamos todavía suficientemente escarmentados y ante el que no reaccionamos con prontitud vista la ligereza con la que persistimos en proponer el consumismo a los jóvenes.

III. *Consumismo y violencia*

Por último vamos a estudiar en este punto la relación entre consumismo y violencia. La paradoja que contemplamos es la aparente compatibilidad de la suficiencia económica y de la inseguridad. Nos preguntamos cómo es que el progreso material y la abundancia de bienes, como nos muestra la historia del siglo XX, depara más muertes y violencias que la justeza y la necesidad. En definitiva la cuestión es cómo es que la satisfacción de las necesidades materiales destapa una imperiosa cadencia de insatisfacciones no materiales que nos empujan más que nunca al conflicto, a la agresión y a la guerra. Una respuesta que podemos encontrar es que el consumismo genera exclusión en la medida en que en la satisfacción del consumidor pueda incluirse el deseo de sometimiento ajeno.

En este sentido el fenómeno del aborto como violencia de pago con tarjeta es el que más claro muestra la relación entre violencia y consumo. Pero también podemos ver en las causas de muerte más comunes entre los jóvenes que más consumen la sombra de la violencia: en la velocidad o en la droga o en el abuso. Efectivamente en la medida en que el otro puede ser un obstáculo al consumo propio, el otro se convierte en víctima potencial de la violencia y pasa a ser un bien más, a veces como otras cosas, de usar y tirar.

Pero este es quizá un aspecto novedoso de nuestra reflexión. Nos referimos a la lucha tonta: el caos o la violencia sin sentido que generan los comportamientos de riesgo en la medida en que el mismo riesgo se propone como consumo. Podemos entender que en el riesgo anida la violencia estructural de una cultura consumista porque la misma borrachera del consumo hace difícil la distinción entre la gente y las cosas.

Vamos al diagrama por última vez para ilustrar nuestro mensaje.

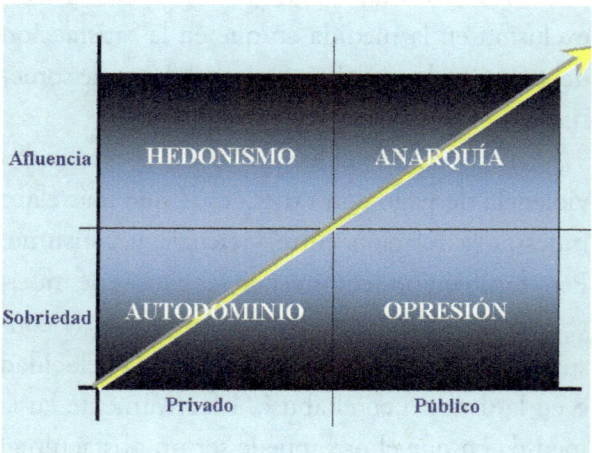

Ahora tratamos de ver el descontrol: consideramos que el descontrol tiene algo que ver con la violencia y tratamos de examinar dónde es mejor ubicarlo para minimizarla. Así, entendemos que la afluencia privada, el máximo descontrol personal, resulta en el hedonismo mientras que el autodominio supone controlar las propias acciones. Por otro lado en el ámbito público, el mínimo de descontrol es el máximo de vigilancia y por tanto equivale a opresión, mientras que la afluencia de descontrol público, es decir la confianza, depara la ausencia de imposición, que llamamos anarquía y que entendemos con los clásicos como una utopía óptima de vida en común en la que se da el máximo de subsidiaridad[12].

La línea de proyección del ideal social pasa por el autodominio a la anarquía. Como contraste la línea o tendencia inversa apunta a la agresión permanente que suponen a una la degeneración privada del hedonismo y la tiranía pública de la opresión.

La relación entre consumo y violencia invalida en nuestra opinión la propuesta de futuro que

---

12. Cfr. Pérez Adán, J.: *Reformist Anarchism* (Merlín, 1992).

hace la cultura actual a nuestros jóvenes sobre una sociedad viable para ellos. Las rivalidades miméticas que genera el consumismo llevan necesariamente a la violencia. Una violencia que es al mismo tiempo una violencia estructural, tonta a veces, pero que a fin de cuentas también señala a víctimas con el dedo. Por eso muchos jóvenes ante el miedo de verse señalados como distintos se refugian en el anonimato de la sumisión y el conformismo.

Hay que salir de esta dinámica y en el empeño rescatar este mundo para un futuro. Un futuro que si existe depende de la heroicidad de nuestros jóvenes para rechazar lo que les damos y proponer a su vez algo distinto[13]. En ese futuro indudablemente tendrán protagonismo los jóvenes héroes de hoy con gestos de insumisión y rebeldía ante el consumismo heredado y también los que se atrevan a descubrir en la sobriedad lo que a mi entender es la única forma de vida que queda.

13. La supresión del futuro como propuesta viene a suponer un gigantesco incesto cultural, una violación en el que los adultos actúan como agresores y los jóvenes como víctimas. Para un juicio y valoración sobre las connotaciones de nuestro tiempo y cultura *vid*, nuestra aportación *Rebeldías* (LaCaja, 2002).

La alternativa a la esperanza que puedan suponer los jóvenes de hoy es sin duda alguna la sinrazón de la violencia cainita. La violencia de Caín es el descontrol por su hermano ("acaso soy yo responsable de mi hermano") unido a su falta de desprendimiento en el esfuerzo de aspirar a ser como él, o más justamente a consumir como él, sacrificios agradables a Dios.

No es fruto de un mero deseo estético que hayamos elegido un ejemplo bíblico en la conclusión del capítulo pues creemos que la esperanza de un futuro mejor está en redescubrir un gran desconocido, Jesús de Nazaret, y en imitar su deseo no queriendo ser nosotros mismos (imitar su desinterés de que solo se haga la voluntad de su Padre). En este desprendimiento radical, el desprendimiento del yo, puede sustentarse el futuro de un mundo en paz, o al menos con más paz.

Efectivamente esta es la gran paradoja, la paradoja suprema de nuestra cultura: la de que se den al tiempo, en el mismo lugar, y a veces al decir de algunos en la misma persona, paz y consumismo. Es un imposible, una contradicción de la que hemos de esforzarnos en salir cuanto antes. El apunte sobre ¿salir, a dónde? tiene como fácil respuesta: a la familia. En la familia tenemos un sujeto viable que no es el yo, donde al menos el para mi consumista se torna en un para nosotros que abre las puertas a los demás.

Yo no estimo tesoros ni riquezas
y así, siempre me causa más contento poner riquezas
en mi entendimiento
que no mi entendimiento en las riquezas
(Sor Juana Inés de la Cruz)

3. Sobre la valía

La distinción conceptual entre lo mejor y lo peor en términos relativos es una distinción básica, de principio. Cuando decimos que tener sobrepeso es peor que no tenerlo y que el estado de sobriedad es mejor que el de embriaguez, parece que nos referimos a principios comúnmente asumidos. Ello no es, sin embargo, siempre tan obvio. Por eso, marcar las diferencias entre lo mejor y lo peor es tan importante para las ciencias sociales como para las ciencias médicas la separación entre la salud y la enfermedad, o para las ciencia jurídica la rectitud del delito. De hecho, el esfuerzo más importante que han efectuado los sociólogos, es dedicarse a fin de cuentas y fundamentalmente a dos cosas: pulir los instrumentos metodológicos que puedan capacitarnos para distinguir más certeramente lo mejor de lo peor, y contextualizar las categorías que definen una situación con respecto de la otra. Así, los resultados brindados nos han ayudado a perfeccionar nuestras formas de medir la realidad social y la tipificarla, para después aspirar a entender quiénes somos (como diferentes de otros) y dónde estamos (como distinto de donde hemos estado o de donde podríamos o deberíamos estar).

Se comprende que la ciencia social se ocupe y se haya ocupado tanto del progreso y del desarrollo humanos. La idea de progreso y de desarrollo hacen referencia precisamente a esta distinción básica: separar lo mejor de lo peor. Ello se procura fundamentalmente con la comparación. A diferencia de la ética y de las ciencias humanas que distinguen lo malo de lo bueno, las ciencias sociales no tienen un criterio de óptimos sociales en abstracto. Sabemos que algo es mejor que otro, porque medimos en el tiempo y disponemos de datos empíricamente verificables. Ahora bien, aunque podemos apuntar, sugerir y proponer no sabemos que algo será o llegará a ser con seguridad y necesariamente mejor que otro peor porque de momento tenemos serias dificultades metodológicas para medir en el porvenir.

Sabemos, por otra parte, que la separación entre lo mejor y lo peor es una separación con valor, y, en la mayoría de los casos, con valor contable en el sentido de medible. Así, veinte muertes violentas son peor que diez, y dedicar el diez por ciento de los ingresos a la ayuda solidaria es mejor que dedicar el cinco por ciento. Los sociólogos, es posible que desaforadamente, aspiramos a medirlo todo y cada vez encontramos más cosas que se pueden medir. En efecto, sobre la medición cabalga todo progreso y medir es comprender. Así al menos ocurre en todas las ramas del saber desde la medicina a la economía pasando por la historia, la literatura y el arte. Medimos las consecuencias y los efectos y entonces descubrimos, inventamos, proponemos, y ratificamos o rechazamos.

Sabemos que medir es valorar con respecto a algo, y aquí entramos de lleno en nuestra argumentación[14]. Nos preguntamos: desde el punto de vista social, de la comprensión de la realidad social en su conjunto, ¿dónde están los valores?, ¿dónde guardamos el canon de medir?

14. A veces hemos explicado a nuestros alumnos de sociología que están cursando una profesión divina. Dios es sociólogo de profesión. El Dios que conoceremos en el Juicio final será el Dios sociólogo que medirá de manera precisa, "científica" aun siendo justa y misericorde al tiempo, nuestro valor personal como humanos en un examen a posteriori de nuestros hechos.

Quizá por vicios de nuestra historia gremial y el modo habitual de hacer, los sociólogos respondemos que los valores están en la gente; que la distinción entre mejores y peores sociales hace referencia a actuaciones y prestaciones humanas que reconocemos con valor dispar atendiendo a sus consecuencias y a su contexto. Decimos también que los sujetos que incorporan esos valores no son solo individuales sino colectivos y que, por tanto, hay mejores y peores colectivos: colectivos o grupos con más o menos valor que otros. O sea, países, profesiones, iglesias, o equipos más o menos desarrollados, útiles, santas, o integradores. Por eso pensamos que progresar colectivamente es ir a mejor (o salir mejor parado en la medida) y por eso también tenemos la esperanza de crecer y desarrollarnos como grupo. De todo esto hemos hablado in extenso en *La Salud Social* (Trotta, 2000) y en *Sociología* (Eunsa, 2019).

I. *La valía personal*

Más difícil es entrever qué queremos expresar cuando afirmamos que los valores están también en la gente desde el punto de vista individual. Efectivamente, si los valores se refieren a actuaciones o prestaciones, deben de ser medibles, es decir, empíricamente constatables, pero ¿cómo podemos "medir" a los individuos? ¿cómo podemos hablar de personas mejores o peores? ¿no somos todos iguales? ¿no nacemos, a diferencia de las colectividades en las que vivimos, que son por tanto más fácilmente etiquetables, con la misma historia y el mismo valor? Vamos a tratar de elucidar sobre esto.

En definitiva, estamos hablando de valía. La valía en la gente es, decimos, la valía colectiva, del grupo, y la valía personal. La valía colectiva, de la que hemos hablado en otro lugar, es la salud social[15]. La valía personal es la contribución o aporte a la colectiva. Ambas son relativas al contexto y son mudables y medibles.

V (valía) → *Salud Social + Vp (valía personal)*

Mediante el índice relativo de salud social (irss) podemos medir la valía o salud social de

15. Nuestra propuesta del *índice relativo de salud social (irss)* como un método alternativo al *índice de desarrollo humano (idh)* que propugna la ONU en la medición comparada de óptimos sociales puede también cotejarse en Pérez Adán, J. y Ros Codoñer, J.: *Sociología del desarrollo* (Edicep, 2005). Los términos *salud social* y *desarrollo humano* son equivalentes.

un colectivo en el tiempo (vid. *La Salud Social*, Trotta, 2000) y, por tanto, podemos aspirar a mejorarla. Solo con la contrastación, la medición y la comparación podremos distinguir grados de progreso y el desarrollo del subdesarrollo. Lo que nos preguntamos ahora es cómo medimos la valía personal y qué parámetros de referencia hemos de utilizar para ello, sabiendo como sabemos que comparar individuos diversos o comparar un mismo individuo a través del tiempo es algo muy distinto que comparar grupos o colectivos.

Asumimos que la valía personal (Vp) es fruto (está en función) de la utilidad potencial al colectivo y de la disposición de rendir esa utilidad:

$$Vp=f(U+E)$$

donde U y E son la utilidad y la entrega personal al colectivo.

Las valías son contextuales: del grupo entre los grupos y de las personas entre las personas. Los mejores grupos tienen más salud (que otros) y las personas con más valía son las que mejor (que otras) sirven a los demás[16]. Por eso las valías

---

16. Planteamos aquí la dimensión social (altérica, que diría nuestro colega Ángel Ribes, o relacional que diría

personales tienen que ver con para quién valemos (los demás) y ello no depende tanto de lo que queramos (el deseo o la aspiración) sino de lo que podamos servir (la capacidad y oportunidad). Este poder servir en tanto que capacidad es una variable medible que tiene un óptimo exponencial (cuanto más, mejor). Pero decíamos que la valía estaba en función de la entrega E (la disposición de servir que es interna al individuo aunque responda a una demanda externa), y la utilidad U que, esta sí, se luce fuera y por tanto es susceptible de comparación y medida[17]. Veamos

nuestro colega Pierpaolo Donati) como una opción excluyente entre contrarios: servicio y beneficio. El neoclasicismo o neoliberalismo económico ha rechazado siempre la racionalidad del comportamiento servicial y del altruismo en general y no pocas veces lo ha equiparado al interés propio. Uno de los principales logros de Amitai Etzioni fue precisamente rebatir esta equiparación y mostrar la racionalidad del comportamiento altruista (*vid. The Moral Dimension*, The Free Press, 1988, trad. castellana, Palabra, 2007), y consecuentemente la posibilidad de distinguir entre beneficio y servicio. Esta posibilidad, como opción, está siempre presente en la acción humana, en cualquier acción.

17. Nos referimos naturalmente a una medida que, como se verá a continuación, no podemos incorporar al mercado buscando una objetivación de consenso. Las utilidades personales no están pues en función directa de las

en qué marco y para qué propósitos podemos efectuar la medición.

Lo que más nos hemos forzado en medir los humanos es el tiempo y encontramos que la utilidad personal a la que nos referimos está en función del tiempo. En este caso "nuestro" tiempo, en el sentido del tiempo que podemos dar a los demás. Lo único que uno puede dar a otros y por lo que en definitiva puede serles útil es tiempo. La generosidad es dar tiempo y éste, el tiempo, no es un recurso cerrado y fijo. Es, por el contrario, una categoría incrementable incluso dentro de nosotros. Por eso podemos decir que tiene más utilidad quien adquiere y dispone de más tiempo. Abundemos en esto.

Siendo Ta el tiempo añadido, o sea el interés generado en los otros por las inversiones de tiem-

---

demandas (como algunos neoliberales llaman a las necesidades). Es de notar la curiosa relación de proximidad entre cierta psicología y el pensamiento neoliberal (Daniel Kanehman, el premio Nóbel de economía del 2003 es un psicólogo) en la medida en que se piensa por ejemplo en la emulación o en la envidia como factores de incremento de demandas. Nosotros nos alejamos de este tipo de análisis en la medida también en que abogamos por la socioeconomía (*vid.* nuestro *Socioecomía*, Trota, 1997) como una alternativa válida al pensamiento económico neoclásico.

po propio efectuadas a lo largo de la vida, y Tg el tiempo generado, o sea el ahorro de tiempo propio futuro como consecuencia del tiempo pasado aprovechado, la utilidad de cada uno es una función de tiempo añadido y de tiempo generado:

$$U = f(Ta+Tg)$$

El tiempo añadido da más o menos utilidad a las personas según que el tiempo (el de cada uno) que se pueda prestar a los demás les sirva mejor (un servicio excelente). Así se dice que el tiempo de fulanita "vale" más que el tiempo de menganito o que zutanito tiene gran predicamento y su tiempo es de gran demanda y está muy solicitado. El tiempo añadido depende en gran medida de la calidad de las propias prestaciones y del volumen de las capacidades que se suponen en esa suma de acerbos que hemos dado en llamar sabiduría.

El tiempo generado es, por otro lado, el tiempo de más que tiene uno por haber aprovechado el pasado y poder ahorrarse así la inversión de tiempo futuro que se haría necesaria para acometer las nuevas empresas. El tiempo generado incrementa la posibilidad de dedicación a los demás y es, por tanto, condición de utilidad. Es el tiempo que tiene el que madruga, del que uno (y por ende otros) puede disponer porque uno ya ha hecho lo que había que hacer. El tiempo generado depende en gran medida de la consecución de las acciones que se suponen en la diligencia.

Ta y Tg son, por tanto, variables mudables que siempre se pueden incrementar (podemos ser más sabios y más diligentes que ayer). En este sentido nosotros los humanos, todos y cada uno, podemos crear tiempo. Ese tiempo se convierte en utilidad como tiempo añadido y generado de continuo por nosotros, y será, por fin, traducido en valía en la medida en que esa utilidad se concrete en la oferta o entrega a los demás.

II. *Añadir y generar tiempo*

Que el tiempo se pueda crear puede parecer extraño, pero es del todo real. Somos no solo pacientes sino agentes de tiempo. De aquí que sea tremendamente importante el entendimiento cabal de este punto para apostar por el progreso y desarrollo humanos. La capacitación para el progreso está así en enseñar a la gente a crear tiempo (Ta y Tg) y a regalarlo (E). Ello es, como podemos ya imaginar y como apostillaremos más adelante, de primordial importancia en la tarea educativa[18].

Comprendemos de este modo que con el orden, la experiencia, y el conocimiento, podemos incrementar el tiempo que se puede dar, y por tanto, la riqueza con que podemos dotar a los grupos a los que pertenecemos. Seremos útiles en la medida en que creemos tiempo y esa creación aumente, como consecuencia, la valía personal, y, como consecuencia, a su vez y a la larga, la valía colectiva.

Pero de igual modo que podemos crear tiempo, también podemos destruirlo. Destruir tiempo es peor que quemar patrimonio (un bosque o una obra de arte). Por eso los impedimentos para la creación de tiempo, o sea, los obstáculos

18. Somos plenamente conscientes de la novedad de nuestro planteamiento y si bien no hemos desarrollado todas sus consecuencias desde el punto de vista de la teoría económica, no nos parece aventurado atisbar que un entendimiento de la razonabilidad del regalo de tiempo y del potencial de creación de riqueza que conlleva este regalo puede apuntar alguna solución a la resolución de problemas económicos como los derivados del desempleo o la pobreza. Para un análisis moderno de los criterios de racionalidad *vid*. Elster, Jon: *Ulises desatado; estudios sobre racionalidad, precompromiso y restricciones* (Gedisa, 2003).

a la valía, deben de ser previstos en la formación y educación básicas para garantizar a cada uno la libre prestación y rendimiento de su utilidad. Veamos cómo podemos concretar esto para el Ta y el Tg.

Por lo que se refiere al tiempo añadido, deberá evitarse una educación que rinda a la gente inútil a los demás, como sería concentrarse mucho en asuntos de poca monta y acabar siendo experto en nimiedades. La excelencia en el servicio debe de proponerse también, por tanto, desde el punto de vista de la dedicación profesional y su diferente utilidad. Así, debe de juzgarse y proponerse la diferente valía a la que se llegaría con una tarea de ayuda (dedicarse a la medicina o al trabajo doméstico) que con una tarea de disfrute (dedicarse a viajar o a ganar dinero), actividad con mucha menor capacidad de procurar tiempo añadido.

Naturalmente, este apunte resalta como contraste grueso frente a las más importantes asunciones culturales del momento: el beneficio y el individualismo. La idea de la propuesta educativa y cultural de maximizar el tiempo añadido está en contra y es la idea opuesta a la maximización del beneficio, eje axial del neoliberalismo y de la economía neoclásica. En términos contables al uso, mientras que el beneficio es un rendimiento, el Ta es una inversión sin cuenta o a fondo perdido.

De igual modo, la idea de optimizar el tiempo añadido choca con la razón misma del individualismo que yace precisamente no ya en la oferta de tiempo sino en su consumo, en el sentido de poner al conjunto en función del individuo, como se manifiesta tan a menudo en la expresión "me siento bien conmigo mismo". En términos gramaticales, para la cultura neoliberal la importancia de la frase está en el nominativo consumidor (el yo), mientras que para el argumento de este texto está en el dativo (el para quién de al acción verbal).

Por lo que se refiere al tiempo generado, habrá que subrayar la importancia de aprovecharlo en la dirección de darle sentido a la propia trayectoria, bien apuntando la importancia de la constancia y la perseverancia en los esfuerzos, o bien ayudando a la delimitación de proyectos vitales realistas y adecuados a las aptitudes de cada quien. Hacer de la vida y de la biografía personal un continuo coherente con meta es la mejor manera de potenciar el tiempo generado.

Esto también contrasta con otros supuestos de la cultura moderna y mayormente con el instantaneismo. La ambición moderna no es la generación de tiempo propio sino el consumo del tiempo ajeno, y mayormente del tiempo de las futuras generaciones, acción que podríamos tipificar como la "creación" de tiempo restado, es decir el robo de tiempo. Se pretende disfrutar en el instante el tiempo futuro, de uno, como en el comportamiento de riesgo, o de otros, como cuando el riesgo y la incertidumbre se procuran para la herencia. Ello, que es lo más opuesto al entendimiento que ve como óptima la creación de Tg se concreta en el materialismo inherente a la apropiación en exclusiva de bienes comunes, y mayestáticamente en la destrucción del medio ambiente.

Tenemos aquí dos lecciones de calado. Una es el reconocimiento de la importancia de la diacronía que mencionamos en le capítulo 1. Los humanos somos diacrónicos, tanto individual, para una vida más corta, como colectivamente, para una vida más larga y transpersonal o transcendente a nosotros mismos. Nuestra identidad no se reduce a lo que somos ahora: lo que somos es también lo que hemos sido y lo que seremos después. De aquí que sea necesario que nos veamos a nosotros mismos como gestores de tiempo, como creadores, transformadores y empresarios de tiempo.

Por otro lado, tenemos la lección también mencionada de la transubjetividad, que nos dice que los óptimos, y los pésimos, son relativos al contexto, un contexto con gente que no podemos sacar del devenir del tiempo, ni que agota lo que se puede dar en otros entornos aquí, allá, más allá, después, o después del tiempo. De ahí que la valía sea una función del contexto y no de la calidad "objetiva" del asunto. Por eso, entre otras cosas, decimos los sociólogos a los filósofos que la sociedad no tiene "esencia" sino relaciones.

Pero sigamos con el punto central de nuestro discurso que es la ambición de avanzar hacia la conceptualización y concreción de grados en las valías personales y extraer ciertas conclusiones que se derivan de la consecuente posibilidad de compararlas (entre sí o con una misma en otro momento). Quizá, como ya se habrá adivinado, la consecuencia que se vislumbra de todo esto es la conveniencia de sugerir ciertos modelos alternativos de excelencia social y personal.

No vamos a proponer la introducción de un "índice de percepción de la valía", como hemos hecho refiriéndonos a la valía colectiva con el índice relativo de salud social, porque desgraciadamente las personas estamos activamente, lo queramos o no, inmersas en el mercado y difícilmente podríamos sustraernos a la tentación de ver reconocida nuestra valía en remuneración. Pero sí que consideramos necesaria la crítica y refutación de otros sistemas de reconocimiento, sistemas que a nuestro juicio debemos de reformular y, si es posible, sustituir. Nos referimos al sueldo en el comercio y a la formación para el sueldo en la educación.

III. *Dinero y tiempo*

Hasta hace bien poco las teorías del valor y la reflexión académica sobre las utilidades eran dominio exclusivo de la teoría económica. Se pensaba que se trataba de un asunto meramente técnico. Ahora, sin embargo, se vislumbra con más nitidez que los valores públicos, la cultura, y las actitudes se ven condicionadas y afectadas de modo directo por los modos de medir valor que implícitamente ha generalizado el paradigma económico dominante. La exageración de esta situación es que para muchos uno vale lo que gana.

En realidad hemos pasado de la ambición inicial de dar valor contable al propio trabajo (el trabajo como medio de acceder a la propiedad y la propiedad como medio de acceder a la renta), a la desilusión de que el trabajo solo nos puede dar dinero, y de aquí a la convicción de que en ausencia de un medidor fiable de trabajo que combine esfuerzo y preparación, cantidad y calidad, la propiedad (bienes y renta) debe de ser el único medidor de valía. Por eso en nuestra cultura el dinero representa propiedad y da valor. En definitiva, en los tiempos modernos el valor es el del dinero que representa materia y ello parece que no casa en absoluto con las reflexiones hechas hasta ahora donde el tiempo aparece como el factor primordial.

Sería pertinente ver, entonces, si es posible establecer una relación entre el vehículo de cambio, el dinero, y el valor, la valía personal, de manera que la valía a fin de cuentas no dependiese del dinero sino, si acaso, al revés. Dos soluciones nos parecen reseñables y adecuadas para comentario. Nos referimos a la experiencia de los cheques de tiempo y a la generalización de la gratuidad.

Los cheques de tiempo fueron un intento serio de comerciar con dinero que representase valía personal, y fueron implementados entre 1827 y 1835 en Estados Unidos por el reformador anarquista Josiah Warren. Warren fundó comercios y asentamientos basados en la transacción con el patrón tiempo y consideró sus experimentos un éxito. Warren opinaba que la promesa del Bank of America de refrendar con sus fondos el valor del dólar era menos creíble que la de un vecino de refrendar su cheque de tiempo, si era necesario, con la dedicación de las horas estipuladas en el mismo. Warren creó mercados comunitarios de tiempo y él y su familia pudieron vivir confortablemente comerciando con bonos de tiempo y sin usar el dinero oficial. En definitiva él creía que la decisión de confiar en uno u otro tipo de papel moneda era una decisión arbitraria en el sentido de que para que funcionase el mercado lo importante era el acuerdo sobre qué dinero utilizar y lo secundario lo que representaba ese dinero con tal de que representase algo medible. Los experimentos de Warren demostraron que para el funcionamiento de la economía no es necesario entender el dinero como representación de materia pero sí como acuerdo de representación de algo.

Ahora bien, si ello es así, ¿por qué no vamos un paso más allá y en vez de sumar tiempo lo descontamos? Se trata de un acuerdo más. Entendamos el tiempo no ya como convertible para cambio y suma en dinero, según pensaba Warren, sino como rescate. Estrictamente hablando, entendámoslo como rescate de necesidades ajenas. El dinero que pagamos por un rescate se entrega a cambio en un secuestro; pues bien, entreguemos la valía personal que sabemos que está en función del tiempo (Ta y Tg) como rescate de necesidades que nos circundan deseando a cambio la satisfacción de esa necesidad (en el caso del secuestro, la libertad del familiar secuestrado). Esto supone, ni más ni menos y a fin de cuentas, la gratuidad. Lo que decimos es que la generalización de la gratuidad puede ser fruto también de un acuerdo de representación (no de materia sino de cariño o de responsabilidad social). El acuerdo en este caso contempla el rescate de necesidades ajenas con la sola valía personal (que es medible y gratis al mismo tiempo), y se trata de un acuerdo hoy reconocido (tolerado) pero no propuesto por el paradigma económico vigente. Nuestra cultura ya reconoce los intercambios de gratuidad, por ejemplo casi todos los que se llevan a cabo en el ámbito familiar, sin embargo no se atreve a proponerlos en el sentido de que la tendencia apunta más hacia la monetarización y materialización de esos intercambios que hacia la difusión de los mismos a otros ámbitos más allá de la familia. Y esta es precisamente la propuesta que aquí hacemos: la familiarización paulatina de la economía mediante la apuesta personal y el reconocimiento público y gradual de la gratuidad[19].

En nuestra opinión el reconocimiento de la valía personal y de la susceptibilidad de su medida lleva necesariamente a la generalización de la gratuidad, máxime visto que cualquier otro intento de medición de valor supone una arbitrariedad mayor que la que supondría valorar la utilidad personal como función de tiempo añadido y tiempo generado. Puestos a suponer equivalencias, más nos vale (nunca mejor dicho) suponer que la utilidad es la equivalencia de la necesidad que no que lo es el dinero que representa materia.

En verdad no creemos que se pueda hacer una crítica coherente al materialismo que asume la cultura económica actual sin replantearse de cabo a rabo la teoría del valor y sin tratar de llevar al mercado las consecuencias de saber qué es lo que más vale y lo que menos vale de la gen-

---

19. Para un estudio de la viabilidad mercantil de este tipo de propuestas en la actualidad, *vid.* Guerra, Pablo: *Socioeconomía de la solidaridad* (Nordan, 2002). Para una oferta de servicios de excelencia mediante la economía de gratuidad ver la experiencia de la Universidad Libre Internacional de las Américas, ULIA, https://ulia.org.

te con la que nos relacionamos. Y si lo que más
vale es la calidad de su servicio y si la condición
de necesidad es inherente al mercado, la oferta
de gratuidad siempre será la más razonable. En
definitiva, si yo te doy gratis lo que otro te da
por dinero, lo más normal es que acordemos una
relación social.

IV. *Educar para valer*

Todo ello nos lleva como colofón de este capítulo al ágora en el que se propone lo mejor, que
es el sistema educativo.

Ni qué decir tiene que vemos la escuela o sus
alternativas como un instrumento que contempla al menos en un cincuenta por ciento la formación del carácter, entre otras cosas porque sin
la disposición de servir no se puede concretar la
utilidad. Si separamos la actitud y la aptitud, la
meta educativa debe apuntar al reconocimiento
de que la mejor actitud es servir siempre, y que la
optimización de la aptitud supone la adecuación
de las capacidades (propias) para la satisfacción
de las necesidades (ajenas).

Sin embargo hoy mucha gente parece que
va por la calle con los opuestos, es decir con la
actitud de medrar y con una aptitud lega. Ello

es directa consecuencia de la escala de valores que propugna la racionalidad llamada neoclásica que sostiene que la justificación racional de las expectativas está en la maximización del beneficio. Naturalmente para este modo de pensar el beneficio está siempre en función del agente (el que maximiza) que puede, o no, tener en cuenta a los demás. En el discurso que hemos efectuado aquí, este "beneficiario" viene a ser un ladrón en el sentido de que a lo que se dedica es a apropiarse de tiempo ajeno sin pedir permiso. Lamentablemente en la escuela moderna se educa para robar. Se educa para triunfar y triunfo es sinónimo de beneficio más que de servicio.

Pero hay una vuelta de tuerca más a esto y es que si consideramos que la educación es la dedicación específica a la creación de tiempo añadido, el fallo en este cometido supone fraude. Fraude que sería exponencial en la praxis real de ciertas instituciones educativas: que "educan" por el beneficio (con afán de lucro) para el beneficio (para perpetuar ese afán en sus alumnos): nada más obtuso.

Para asegurar la valía y apostar por su incremento son necesarias, por un lado, las virtudes: las que ayudan a acercarse a la sabiduría, como la *constancia* en el estudio, la *liberalidad* en el interés, y la *sobriedad* en el regalo, y las que condicionan la generación de tiempo, como la *diligencia* en las acciones, el *orden* de los deberes, y la *prudencia y perseverancia* en la asignación de metas. Por otro lado, la valía se concreta en la entrega que supone el *espíritu de servicio*. En la medida que estos objetivos se incorporen al sistema educativo se estará justificando la existencia de la escuela que tiene como misión proponer lo mejor, es decir: educar para valer.

A lo largo de todo este tema hemos apostado por la conveniencia de señalar la valía y admirarla, hemos intentado hacer ver que la valía es medible y por tanto incrementable y reducible, y también hemos visto que la gratuidad es condición de hacerla efectiva. Pero esta lección ya la dictó alguien hace mucho tiempo: "gratis lo habéis recibido, dadlo gratis" (Mt, 10, 8). Y mal que pese a sus poco doctos admiradores esta lección, como todo lo vertido en este capítulo, se sitúa en las antípodas de lo que defiende Gary Becker en su Tratado sobre la Familia. Si para el nobel de la Escuela de Chicago es la familia la que ha de interpretarse a la luz de la metáfora del cálculo y beneficio, para nosotros es al revés: es la vida económica toda la que debe de interpretarse como metáfora de la familia.

II

El supuesto familiar humano

Una vez examinados los presupuestos de nuestro enfoque nos adentramos ahora en la comprensión del supuesto familiar humano, es decir en el sujeto familiar. Para ello, tomamos como línea central del discurso el análisis del poder. Por un lado estudiaremos el quién del poder, el sujeto que actúa (capítulo 4) y del que predicamos libertad (capítulo 5). Por otro veremos su capacidad de ejercicio mediante el poder colectivo (capítulo 6), y sus límites en el reconocimiento del otro y sus poderes mediante la comprensión de la extrañeza (capítulo 7).

La línea argumentativa que seguimos trata de responder esa cuestión seminal que ha rondado siempre a las ciencias sociales al tiempo que se han producido los avances en las ciencias biológicas que es en definitiva la respuesta a la pregunta de qué es lo que nos hace humanos.

Desde Darwin a la sociobiología (ahora también existe la sociogenética), la relación entre naturaleza y cultura ha protagonizado gran parte de la difusión científica básica. La moda ha sido cambiante y hemos observado atuendos muy curiosos que han llegado a justificar la eugenesia para salvar lo humano e incluso a proponer la supresión de lo humano (deep ecology) para salvar lo no humano. Ahora estamos padeciendo una hipertrofia del genetismo que quiere anular la cultura con un ridículo esfuerzo por descubrirla y llegar a manipularla desde el microscopio.

Frente a esta postura nosotros clamamos por un levantar la mirada hacia lo macro. Una mirada que necesariamente ha de contar con el devenir del tiempo entendiendo lo que une el pasado el presente y el futuro y que se topará como de bruces con la familia, con la familia humana, pues es ahí en nuestra condición familiar donde se encuentra precisamente el secreto de nuestra humanidad.

Nuestro mensaje es que el trabajo de repensar la familia es un encargo a hacer y que del resultado de ese encargo poco podemos decir ahora antes de aprestarnos a recorrer el camino. Un camino que efectivamente está ignoto y para el que sobran miedos pues de lo que se trata es precisamente de edificar casi todo de nuevo partiendo de una realidad que a fuerza de darla por supuesta la hemos ignorado casi por completo. De lo que estamos hablando es de edificar toda una nueva civilización partiendo de una nueva percepción de lo humano, distinta de la que hemos tenido hasta ahora. Ante este ingente encargo, darnos cuenta del reto es ya un considerable logro, y esa es la meta que intentamos descubrir aquí abriendo interrogantes y señalando contingencias.

> El que se esfuerza y se agita nada encuentra
> que le llene y el que menos necesita
> tiene más que el que más tiene
> *(José María Pemán)*

4. Sobre la acción

si hay un tema querido por las ciencias sociales es el de la acción social. Entre los clásicos de la sociología Max Weber, entre los modernos Talcott Parsons, y entre los contemporáneos Jurgen Habermas, los estudios sobre la acción jalonan la historia de la disciplina. Pero no se ha estudiado la acción sólo desde hace poco más de doscientos años. Desde otra óptica, en la filosofía, la acción se ha venido estudiando también desde prácticamente siempre. Aristóteles le dedica cierta atención y sus comentaristas medievales, principalmente Aquino, en la medida en que se ven impelidos a emitir juicios de moralidad, se ven en la correspondiente obligación de tratar y, más aún, de codificar la acción.

Ciertamente hay algo en común entre los sociólogos y los filósofos a la hora de estudiar la acción humana. El esfuerzo de los filósofos se centra en lo que llaman el acto humano, llegando a distinguir entre *actus hominis* (acción externa irreflexiva) y *actus humanus* (aquella de la que se puede predicar el adagio latino de *agere sequitur esse*). Por otro lado, el esfuerzo de los sociólogos trata de separar lo que ha de constar (aquello que es empíricamente verificable) de lo que no. No obstante, en ambos casos, unos y otros, están hablando en base a la distinción entre agentes y pacientes y están considerando algo que empieza en un lado y termina en otro. Lo que hay de común entre ellos es que tienen in mente un tránsito.

Pues bien, nosotros vamos a separarnos de ese algo en común en este capítulo. Vamos a tratar de hacer ver que las nuevas realidades, el contexto histórico del tercer milenio, no nos permiten traer a colación ningún tránsito y que por tanto el estudio de la acción hay que hacerlo o enfocarlo de otra forma. Al final, y con esto avanzamos nuestra conclusión, veremos lo difícil que nos pone nuestro tiempo separar, aunque solo sea conceptualmente, acción y pasión.

I. *El siglo xx, un siglo de acción frenética*

Hay dos autores, con los que he llegado a intimar intelectualmente y a los que guardo gran respeto y veneración. Uno es un profesor español poco conocido, Juan Antonio Pérez López, y el otro es nuestro admirado y mencionado Amitai Etzioni, el fundador de la socioeconomía y el gran impulsor del comunitarismo. Juan Antonio, que poseía una mente excepcional, era profesor de una escuela de negocios y tenía formación tomista. En una conversación que mantuvimos poco antes de su inesperada muerte, me confesó que por fin, después de mucho indagar, había encontrado la síntesis que había estado buscando a lo largo de toda su vida académica. Me dijo que lo que había que hacer era lo mismo que Aquino había hecho con Aristóteles, pero ahora con Weber. Juan Antonio pensaba que el paso que Weber había dado al entender la acción como algo que se podía predicar no solo de agentes individuales sino de sujetos colectivos que no era posible desagregar en personas singulares, era tan importante que había que reescribir toda la ética y la moral y que ello, que él estaba dispuesto a iniciar, urgía hacerlo cuanto antes.

Recuerdo que en esa ocasión hablé a Juan Antonio de Etzioni. Etzioni ya tenía publicado, *The Active Society* (*La sociedad activa*) que a mi juicio es su segundo libro más importante (el primero es, sin lugar a dudas *The Moral Dimension*). Pues bien, en ese libro Etzioni ya había empezado a desarrollar a Weber, y a romper con él al mismo tiempo, al hablar de la "acción macroscópica" que tenía como sujeto de la acción a un, en ese momento confuso, todo social.

Efectivamente el siglo XX ha sido testigo de acciones macroscópicas que, si las entendemos adecuadamente, pueden darnos pie a replantearnos todo, o casi todo, lo que se ha escrito sobre la acción hasta ahora. Se trata de un replanteo que puede tener repercusiones muy importantes para nuestro entendimiento del mundo y para el desarrollo de determinadas opciones políticas novedosas[1].

La acción va indefectiblemente unida a la vida. Podemos entenderla como un compuesto a tres de origen, tránsito y destino, o también podemos verla como un tríptico de referencia que tras un tiempo de gestación inerme y un tiempo de ejecución sentida, deja un vestigio o una herencia histórica (aunque solo sea una

---

1. Para un análisis valorativo de la historia del siglo XX *vid.* Sebald, W. S.: *On the Natural History of Destruction* (Ramdom, 2003). El clásico análisis sobre la decadencia publicado por Pierre Chaunu por primera vez en 1981, *Historia y decadencia* (Juan Granica, 1983), puede leerse retrospectivamente con provecho.

pequeña repercusión biográfica). La historia, la ficticia o la real, es en definitiva una secuencia de acciones que denotan vida. En el cine la acción se encadena de forma que en el tránsito de no más de dos horas se produzca en el espectador una reacción, que es vida y realidad sentida. En la narración histórica las acciones se seleccionan para procurar unas lealtades u otras, o para condicionar la prevalencia de determinados valores y actitudes, o para imitar la selección y evaluación de ciertos modelos de comportamiento. Pero al final llegamos a lo mismo, la acción tiende a prolongarse, a encadenarse en otra acción que sucede a la anterior. Parece como si el tiempo y la vida fuesen la secuencia y paso de acciones.

¿Y qué ocurre cuando las acciones pasan o se suceden a toda velocidad?, ¿va el tiempo, entonces, más rápido? ¿Tiene el ritmo de la acción algo que ver con el ciclo de la vida? Veamos cómo, al analizar lo que ha pasado en el siglo XX, estas preguntas se tornan más importantes de lo que pensábamos hace solo unos pocos años.

El siglo XX ha sido el siglo más desastroso de toda la historia de la humanidad. Queremos decir que los humanos, como agentes, no hemos procurado más desastre en ninguna otra época que en el siglo XX. El siglo XX ha deparado más víctimas en acciones bélicas que las causadas acumulativamente en toda la historia anterior. Nunca antes, y esperemos que nunca después, los humanos nos habíamos matado tanto entre nosotros y nunca antes con tanta saña,

indiscriminadamente. El siglo XX es el siglo de los genocidios y de los holocaustos. Es el siglo del refinamiento del "arte" de matar que culmina en el desapego total al otro que es la bomba atómica o en la acumulación de crueldad y dolor que procura el arma química.

El siglo XX es el siglo también y por antonomasia del más horrendo de los crímenes humanos: de la justificación del privilegio del deseo de unos sobre la vida de otros. Nos referimos a la imposición de la calidad de vida propia sobre la terminación de la vida ajena que está representada en lo que en otro lugar hemos llamado, quizás demasiado rebuscadamente, la finigestación procuradada de la vida intrauterina (vid. *La salud social*). Según algunos cálculos el número de finigestaciones realizadas en la segunda mitad del siglo al que nos referimos podría superar el número de habitantes de todo el planeta el año de su inicio: 1900 millones. Ello, de por sí, y dejando al margen una valoración ética del asunto, nos pone como de bruces ante alguien que creíamos conocer bien y que de repente se nos muestra raro: ¿quiénes somos? ¿cómo hemos podido llegar a esto sin casi sentir por ello?

La verdad es que nos encontramos ante algo novedoso. Puede que no nos demos cuenta de ello en toda su magnitud y por eso estamos repasando estos aspectos de nuestra historia, para darnos cuenta que lo ocurrido en el siglo XX representa un punto y aparte en la historia de la humanidad[2]. Se trata no ya de una diferencia de escala con respecto a la historia anterior sino de una distinción de raíz, de algo completamente distinto. Podríamos enumerar muchas más lacras y mostrar cifras espeluznantes yendo a los detalles y comparando también los datos de fenómenos sociales tan novedosos como la proporción de la desigualdad en el planeta, o las diferencias

---

2. Así opina entre otros muchos el francés Alain Finkielkraut (*vid. In the Name of Humanity: Reflections on the Twentieth Century*, Columbia University Press, 2000). Compartimos gran parte de su análisis y subrayamos la importancia, que también vio en su día Anna Arendt, de entender la humanidad y el proceso humanizador como un proceso que va a la par con la idea de la gratuidad: "edificar un mundo común alrededor de una idea compartida de humanidad basada en la gratuidad".

en esperanza de vida. Con todo, hay algo radicalmente novedoso. Ello es que el siglo XX es el siglo que ha certificado como posible, real, y hasta próxima, por vez primera en la historia de la humanidad nuestra capacidad de autodestrucción. La discontinuidad histórica asoma como posible por primera vez ante nuestros ojos.

Parece como si la acción se haya desarrollado a tal ritmo y con tanto frenesí que nos ha dominado hasta el punto que ahora estamos descubriendo que no somos capaces de pararla. Que nosotros no ya somos los impulsores de la acción sino al revés: que es la misma acción la que juega con nosotros. Por primera vez en la historia del mundo, el guión ya no lo hacemos ni nosotros ni ningún dios: el guión es dios, la acción se ha adueñado por completo de nosotros hasta el punto que ahora empezamos a dudar si somos actores que interpretan un papel o si, por el contrario, los personajes que estamos interpretando se nos han escapado de las manos y nos anulan hasta negarnos a nosotros mismos. Este es el estado a que nos ha llevado la historia del siglo XX. Es la égira de la acción encadenada a toda velocidad.

II. *Una nueva pasión*

Recuerdo que en mi niñez había una semana al año, la semana de pasión, que antecedía a la semana santa, en la que se propiciaba la reflexión colectiva y en la que, a veces debido a la escasez de alternativas, uno acababa como obligado a pensar sobre su destino y el sentido de su vida. El entendimiento de la vida como pasión era una lógica explicación de lo que se conmemoraba en esa semana y, de igual modo, uno de los entendimientos de las reflexiones que estamos haciendo ahora sobre las herencias del siglo pasado puede apuntar hacia la consideración de la redención. ¿Podemos los humanos de hoy redimir nuestra historia?, y, si es así, ¿cómo podemos hacerlo?

En la explicación de la redención cristiana se abundaba en que Cristo viene de fuera, de la divinidad, y une la acción desde fuera (la encarnación) a la pasión desde dentro (la purificación) que resulta en la redención. Hay aquí una diferencia entre la acción (que es y viene de Dios) y la pasión (que sufre el hombre). De manera parecida, en el tratamiento de la acción, tanto por los sociólogos mencionados al inicio de este capítulo, como en la tradición filosófica, también se distingue entre agentes y pacientes. En el caso de los primeros, los sociólogos, hay una interacción entre sujetos y entre estos y los objetos que vista desde fuera y en su conjunto da sentido para hablar de acción colectiva o de acción social. Los humanos interactuamos como agentes y pacientes y nos intercambiamos comunicación emitiendo y recibiendo contenidos entre nosotros. Ahora bien, ¿este análisis que se ha mostrado útil hasta ahora sigue siendo válido de cara al futuro? ¿Podemos, vista la experiencia del siglo anterior, separar en los contextos sociales acción de pasión con la misma facilidad con que separamos la acción hacia fuera de la pasión hacia dentro? ¿Tiene todavía validez este tipo de análisis?

Creemos que ya no. En nuestra opinión el siglo XX ha matado definitivamente la acción (hacia fuera). Hoy solo hay pasión social. Intentemos explicar esto por dos razones. La primera es porque nunca antes hemos carecido de algún otro y ahora, sin embargo, llamémosle globalización, el medio ambiente planetario, o los antivalores de occidente, no tenemos extraños distintos de nosotros mismos. En este sentido ya no queda nada fuera (suponiendo que estemos solos en el universo) ante quien actuar. Hoy, más que nunca, nuestro destino es el destino porque parece que no hay nadie ni nada que nos dé esperanza de convertirse en alternativa y que por tanto nos lleve a ser distintos. El siglo pasado nos ha descubierto que el patio de butacas ante el que representamos la acción (global) está vacío: todos los que estamos, estamos sobre el escenario y no tenemos seguridad de que vaya a haber una segunda sesión. Y la segunda razón es porque nunca antes las víctimas hemos sido también nosotros. Lo que el siglo XX ha efectuado ha sido un suicidio colectivo. Las víctimas hemos sido nosotros aun cuando los agresores hayamos sido nosotros también. Todos hemos sido agredidos en el Somme, en Dresde, y en Hiroshima; en Auswitch, el Gulag y en Camboya; en Chernobyl; en Biafra y en Ruanda, todos hemos muerto un poquito hiriéndonos con jeringuillas o con un forceps, y, todavía más, todos hemos sido víctimas de la insensibilidad de continuar como si nada.

La novedad de todo esto radica en que la acción ha devenido tan rápida que se ha llevado el tránsito con ella y hemos acabado identificando el origen y el destino, al agresor y a la víctima, en definitiva, la acción con la pasión. Cuando nuestros egregios maestros hablaban de la acción social, todavía existía al menos la libertad de irresponsabilidad, todavía podía uno irse a "otra sociedad" (como hizo Solzhenitsin) o "exiliarse mentalmente" (como hizo Schumacher), y como de hecho hicieron tantos otros buenos intelectuales convirtiéndose en conciencia crítica de su entorno. Uno podía no colaborar y para algunos esa postura conllevaba incluso riesgos. Hoy eso ya no es posible. Todos padecemos nuestras (de todos) acciones irremisiblemente. Ya no hay lugar donde sustraerse a la corresponsabilidad del agresor, en el bien entendido de que no seamos también agresores directos. Esto, que podemos entenderlo como globalización, es una marca nueva en el devenir humano.

III. *Una identidad paciente*

Si parece que el autor haya caído en una depresión y que estamos sumidos en el mayor de los pesimismos, hemos de animar al lector compasivo. Nuestro mensaje, al menos esa es la intención, no quiere ser derrotista. Entre otras cosas porque nada más justo y cabal que avanzar en el conocimiento de uno mismo en el supuesto de que solo desde el autoconocimiento podemos mejorar. Y efectivamente, el secreto del progreso humano, al menos el de los próximos años, está en el ejercicio de autocrítica que nos pueda llevar a conocer nuestra nueva identidad, una identidad que es, según creemos, eminentemente paciente. En este sentido, el ejercicio que queda por hacer, el más urgente, es un ejercicio de reflexión e introspección colectiva.

Se trata de entender la acción. De vernos en ella y tratar de entendernos como actores de un loco guión coral en el que todo el mundo anda creyéndose autor del libreto pero donde nadie parece dominar la secuencia de actos y todos quieren mantener la voz cantante a sabiendas de que el punto final puede aparecer inesperadamente. La verdad es que esta situación condensa muy bien la trayectoria intelectual a la que nos ha abocado el siglo pasado. El siglo XX, que se había atrevido a proclamar, primero con ideas y después con hechos, la muerte de Dios (de hecho quien murió en 1900 fue Nietzsche), terminó certificando la muerte del hombre asumiendo éste el papel de Dios. Como ya hemos dicho hoy parece que no hay hombres, solo dioses. Todo el mundo cree que crea y en la más necia de las ignorancias, quién proclama que aquí y ahora está el bien, quién que por nuestro camino el progreso, quién que estamos en la eternidad. Ciego el hombre a su historia reciente todo el mundo, como el Dios que viene de fuera, se cree un agente.

A fin de cuentas la diferencia entre relativismo y politeísmo es solo una diferencia de matiz. Sin embargo, lo curioso aquí es que en la discusión sobre si es lo uno o es lo otro (sobre si no existe Dios o si yo soy Dios), nos hemos olvidado de que independientemente de ello parece que la historia lo que está poniendo en jaque es la creencia común a ambos planteamientos de que en cualquier paso el tiempo seguirá pasando.

Es un error que parece propeler la acción por la acción sin reconocer que el siglo XX nos ha dejado una nueva identidad, una identidad que es herencia de sangre y vestigio de impotencia. Pero al mismo tiempo una identidad esculpida con nitidez histórica. Es una identidad paciente: la identidad de la víctima que somos y que tan tercamente nos negamos a reconocer cómodamente escondidos en refugios de artificiosidad.

Si volvemos a la antigua semana de pasión, que por algo la hemos traído a cuenta aquí, nos fijamos en la imagen que esa semana nos presentaba de un hombre redentor de toda una humanidad en el acto de reconocer su identidad como Dios que está dispuesto a padecer como hombre todo lo que se puede padecer. Pues precisamente eso es lo que *mutatis mutandis* nos toca hacer ahora a nosotros. Nos creemos agentes y necesitamos reconocernos como pacientes. Lo que en definitiva nos hace falta es emprender un viaje iniciático en busca de nuestra nueva identidad[3].

Naturalmente que para ese viaje, como en cualquier viaje de este estilo, hay que estar desprendidos de ataduras y de lealtades que impidan afrontar las consecuencias del destino que uno intenta descubrir. Porque, efectivamente, el gran problema que puede impedirnos el éxito en la misión es poner condiciones a las consecuencias que se puedan derivar de ese éxito. Nos estamos refiriendo a las consecuencias del reconocimiento de que somos culpables y de que en justa coherencia de vida tendremos que enmendarnos

3. El reto del frontispicio de Delfos, el conócete a ti mismo, lo entendemos como una aventura colectiva que está reñida con el reduccionismo positivista de quien buscase descubrir las leyes inmutables de nuestro ser colectivo para no tener que preguntarse nunca más esa molesta cuestión identitaria. En este sentido consideramos negativo el afán imitador que a veces embriaga al científico social que busca la seguridad de las leyes de las ciencias así llamadas puras. Y es que a veces nos pierde el deseo de unidad que dicen los físicos que se esconde en leyes simples que explican todo, como afirma Steven Weinberg en *Facing Up: Science and its Cultural Adversaries* (Harvard University Press, 2002). La pregunta identitaria: quiénes somos, así en plural, nunca la debemos dar por resuelta.

y vivir de otra forma y de que incluso podemos (nosotros todos) morir para siempre. Si ponemos como condición para emprender el viaje la confirmación de nuestro protagonismo en ese teatro de la vida y el mérito de que se nos salude como autores del guión, difícilmente podremos arribar al puerto de la identidad buscada.

Ello no es condición de poca monta. Salirse del ritmo de la acción encadenada a que estamos sometidos supone correr el riesgo de la inanición cultural que implica asumir la culpa que siempre hemos echado a otros. Y para el dios que muchos creemos ser, ello es ciertamente problemático. En cualquier caso aquí está el lado positivo de todo este discurso. La identidad, esa nueva identidad humana que ha alumbrado el siglo XX, es un tesoro por descubrir y está a la espera de que nos aventuremos a encontrarlo. Si nos preguntamos de qué depende habremos de responder sin dudas que de la familia.

Si nos fijamos, la familia es el espacio genuino de nuestra identidad pasiva. Es el primer ámbito donde padecemos a los demás y donde se nos padece. La ignorancia de la familia ha hecho que se nos haya olvidado que las familias también se duelen (no que me produzcan dolor sino que lo padezcan). Pensar solo en el dolor que produce la familia al individuo y no considerar a la familia como sujeto paciente es perderse gran parte, si no la principal, trama de la historia.

Una trama que algunos de mis colegas británicos han desaprovechado lamentablemente. Me refiero a la reflexividad, un concepto de fortuna en la sociología en inglés. Margaret Archer, la que mejor lo usa (*vid. Structure, Agency and the Internal Conversation*, Cambridge U.P., 2003), tampoco considera sujeto reflexivo a la familia. Para la mayoría de la sociología británica contemporánea la reflexividad es una historia de espejos que portan los individuos y la sociedad y donde unos y otros se ven reflejados y se descubren.

El sujeto reflexivo por excelencia es, sin embargo, la familia. Las familias se reconocen en sus miembros y estos como tales a través de los mecanismos de acción y pasión ad intra y ad extra que constituyen la principal (a veces la única) forma de relación social. Si prescindiéramos de esta reflexividad no sabríamos efectivamente quiénes somos.

Es en este sentido en el que cuenta tanto la genealogía que es una selección de pasión mediante la que se padece una familia y no otra. Las familias son en este sentido un espacio de acción y de pasión reflexiva identitario que nos viene dado en el sentido que no está sujeto a la elección. Pero, ¿si no podemos elegir nuestra identidad (familiar) no somos libres?

El servir no es faena de seres inferiores Dios, que da el fruto
y la luz, sirve Pudiera llamársele así: el que sirve.

Y tiene sus ojos fijos en nuestras manos y nos pregunta cada día:
¿Serviste hoy? ¿A quién? ¿Al árbol, a tu amigo, a tu madre?
(Gabriela Mistral)

5. Sobre la libertad

Isaías Berlín, en su famosa lección inaugural
del 31 de Octubre de 1958 en Oxford titulada
"Dos conceptos sobre la libertad", distinguía entre libertad positiva y libertad negativa. La libertad positiva se refería a la libertad de comisión,
"para hacer algo", y la libertad negativa se refería
a la libertad de autonomía, "para que a uno le
dejen en paz". Berlín, como la mayoría del liberalismo moderno, desconfiaba de la primera y
apostaba por la segunda.

La distinción entre libertad positiva y libertad
negativa, puso el foco de atención en la libertad
del ciudadano como individuo. Se trataba en este
caso de la libertad frente al poder o los poderes
constituidos, un asunto que preocupaba mucho
el siglo pasado.

Otras distinciones conceptuales sobre la libertad más antiguas se han preocupado de la li-

bertad del individuo como agente de intenciones, es decir de la cuestión de libertad para qué. Esta fue una preocupación preilustrada y los dos campos finiseculares de este debate están representados por Aquino y Occam. Mientras que para Aquino la libertad era libertad para mejorar en el supuesto de que se podía distinguir el mal del bien, para Occam la libertad era libertad para realizarse en el supuesto de que siendo el mal y el bien abstracciones difíciles de etiquetar en la vida de agentes con experiencias y conciencias diversas, la libertad de éstos se resumía en su propio y continuo descubrimiento como conscientes.

Hay, tanto en el debate ilustrado de Berlín, que resume la lucha del siglo XX entre liberalismo y socialismo, como en el debate preilustrado escolástico, que resume la lucha del mundo premoderno entre realismo e idealismo, un elemento que echamos en falta y que va a enmarcar el debate teórico sobre la libertad en los próximos años. Nos referimos a la incorporación del sujeto a la discusión. La pregunta del siglo XXI es, pues, de quién o de quiénes predicamos la libertad. Y no es una pregunta baladí de obvia respuesta.

I. *El sujeto social*

Parece que no descubrimos nada si decimos y proclamamos que los humanos somos sociales. Sin embargo, si matizamos que nosotros los humanos somos sociales "antes" de ser individuales, ya estamos, quizá, diciendo algo un poco novedoso.

En efecto, lo que hace humano al humano es su condición social, y, más en concreto, su condición familiar[4]. Los humanos somos socialmente

---

4. La vieja tradición filosófica decía, a nuestro juicio desafortunadamente por caer en cierto reduccionismo biológico, que los humanos somos animales racionales. Jean Claude Guillebaud sostiene (*vid. El principio de humanidad*, Espasa, 2002) que el hombre no es un animal y argumenta con ingenio para que nuestra comprensión de nosotros mismos escape de la beatería científica que nos invade. John Rawls decía (*vid. Lecciones sobre historia de la filosofía moral*, Paidos, 2002) que los humanos somos animales éticos. John Gray, desde una postura liberal no humanista (al menos otros liberales sí que son humanistas) nos pone al nivel del puro instinto, eso sí "racional" (*vid. Perros de paja: reflexiones sobre los humanos y otros animales*, Paidos, 2003). Sin embargo y de manera más brillante que ninguno, Alisdair MacIntyre (*vid. Animales racionales y dependientes*, Paidos, 2001) defiende que es la indigencia (relativo a la pasión) y no la agencia racional lo que mejor resume nuestra condición humana. Los argumentos de

relacionales en dos sentidos: sincrónica y diacró-
nicamente y estos dos sentidos solo se integran
de manera armónica y continua en la familia. Es
en la familia donde nos comunicamos a través
del tiempo con otros humanos, y no de manera
anónima, sino como quien distintamente somos
(con el apelativo familiar con el que se dirige a
nosotros quien nos conoce bien). Descubramos
al sujeto familiar para entender de manera cabal
la libertad[5].

MacIntyre son en verdad sugerentes. Nuestra argumentación, no obstante y a pesar de la simpatía con que hemos
estudiado la trayectoria del filósofo escocés, se edifica desde
herencias distintas. En nuestra opinión la cuestión del origen se dirime hoy en las ciencias sociales y no mediante la
especulación filosófica.

    5. Nuestra postura disiente aquí paradigmáticamente
de los social conservadores norteamericanos para quienes
los sujetos los suministra la biología (de ahí su empeño en
hablar de la familia natural). Nosotros argumentamos que
al sujeto familiar hay que buscarlo en la cultura social y que
está ahí fuera (en la cultura social) y no en nuestros genes
biológicos y tampoco en nuestros deseos (multifamilismo).
Para una curiosa defensa de la eugenesia familiar (fomentar
buenas familias mediante la ingeniería genética) a la que se
puede llegar desde posturas social conservadoras, *vid.* Pe-
ters, Ted: *For the Love of Children: Genetic Technology and
the Future of the Family* (Wstmisnter, 1998). Más próximas
a nuestra postura están las tesis que enlazan la conforma-

La consideración de nuestro carácter social familiar, y más en concreto la relación diacrónica, ha estado desafortunadamente ausente en el debate social contemporáneo y en la discusión sobre los óptimos de desarrollo y los máximos de libertad y bienestar. La familia es, sin embargo, la dimensión social más propia de lo humano. Se trata de un fenómeno universal a través de las razas, las culturas y los tiempos, con lo que adivinamos que la familia tiene una razón de funcionalidad social: es aquello que hace que la sociedad funcione. Por eso podemos entender la sociedad como el lugar de reconocimiento familiar: donde nos reconocemos como familiares. Es en la familia donde se reconocen las dependencias y las necesidades se subvienen mucho mejor y mucho antes de que intervenga el estado. Nuestro aprendizaje social se realiza en familia: casi todo lo que sabemos lo aprendemos en y desde la unidad familiar. La familia nos enseña a comunicarnos, a presentarnos como humanos, a cuidarnos, y a querer. Es a la postre el ámbito donde

ción del sujeto a la responsabilidad colectiva tal y como defiende Hans Jonas (*vid. El principio vida; Hacia una Biología filosófica*, Trotta, 2000, y *Técnica, medicina y ética: el principio de responsabilidad*, Paidos, 1997).

nos sentimos valorados por nosotros mismos. Por eso entendemos que la máxima degeneración humana y social la encontramos en la degeneración familiar, que viene a ser la pérdida del nosotros que somos cada uno.

El reconocimiento del sujeto familiar es de fundamental importancia para que de una sociedad se pueda predicar que es humana; nada tiene precedencia sobre ello. Aunque en el plano biológico puede pensarse que el matrimonio es anterior a la familia, en el plano social, la familia es anterior al matrimonio: todos nacemos en familias que ya existen y es la sucesión de familias en el tiempo lo que hace necesario el matrimonio para que así, al mismo tiempo que una familia vive y pervive a través de los años en los nietos, bisnietos, etc., las generaciones se vayan sustituyendo unas a otras. Sin familia no solo no habrían ni legados, ni herencias, sino que al impedirse la transmisión de conocimientos entre generaciones, tampoco habría progreso social. Esto constituye precisamente el criterio de funcionalidad familiar que hemos expuesto en otro lugar (vid. *Sociología*, Eunsa, 2019). La función que realiza la familia de cara a la sociedad al mismo tiempo humaniza a la sociedad y nos humaniza a cada uno. Una familia que presta las funciones que la sociedad espera de ella es una familia que capacita la socialización, que vive la equidad generacional entre las edades, que transmite la cultura y que efectúa cierto control social sobre sus miembros. Estas son las cuatro funciones específicas de la familia, por eso el calificativo que mejor acompaña al sustantivo familia no es el de "moderna" o el de "tradicional" sino el de "funcional". La familia óptima es la familia funcional y el criterio de optimización social es el familiar: hay sociedades mejores y peores en la medida en que tengan familias más o menos funcionales[6]. La sociedad humana ha sobrevivido y mejorado las condiciones de vida a través de la sucesión de distintas civilizaciones, catástrofes y guerras gracias precisamente a la familia funcional.

La familia no es una abstracción, más bien al contrario, es vida, y por tanto es realidad que fluye. Podemos decir que la familia se construye

6. Un colega nuestro explicaba precisamente la superioridad sociológica de la cosmovisión cristiana que nace con la novedad del anuncio trinitario diciendo que el Islam (para el que Dios no es familia) tiene una familia esencialmente disfuncional que es todavía solo patriarcal. Nosotros hemos explicado por otra parte (vid. *Sociología*) que uno de las prerequisitos de una adecuada socialización es la equidad entre los géneros.

continuamente a través de su afirmación social.
Por eso la principal misión de lo público y del
gobierno es velar por el sujeto familiar para que
siga cumpliendo sus funciones de acuerdo a las
circunstancias cambiantes. Sin embargo, hoy se
afirma que la familia está en crisis, y es cierto.
Se trata sobretodo de una crisis de comprensión
de la familia misma como constitutivo de lo humano[7]. Una de las razones de la perpetuación de
esta crisis de identidad es la fuerza del discurso
filosófico esencialista de antaño, que ha calado

---

7. No es de extrañar por tanto lo que algunos críticos
llaman con datos sociológicos fehacientes, el resurgimiento de la familia nuclear (*vid.* Blankenhorn, David, "The
Reappearing of the Nuclear Family", *First Things*, 119,
2002 pp.20-22). En España ese resurgimiento también
se producirá una vez pasada la moda que ampara el afán
moldealista de la realidad que abraza la ideología del multifamilismo por lo que se refiere al "diseño" de pautas familiares. Los hechos vitales al final terminan por afirmarse y el
hecho familiar (funcional) también lo hará con legislación
ad hoc. Nosotros pensamos que esa afirmación se manifestará mediante demandas sociales para el reconocimiento
distintivo de modo análogo a como se ha efectuado para el
reconocimiento legal de las uniones de hecho. Las familias
(funcionales) reclamarán un reconocimiento explícito de
su realidad distintiva en cuanto esa realidad se vea ocultada
por el afán uniformizador del multifamilismo.

tanto que todavía se sigue pensando en algunos ambientes que la familia es una definición a priori de lo social (que no se hace de modo continuo sino que tiene inicio y término y en la que prima la sincronía). Por el contrario, para el discurso sociológico actual, sobretodo el de raíz comunitarista en el cual se enmarca nuestra aportación, la relación familiar básica es la diacrónica (la relación padres-hijos) y esta relación constituye de por sí un sujeto social. Las funciones familiares que hemos mencionado en el párrafo anterior (recordémoslas: socialización, transmisión cultural, equidad generacional, y control social) se basan casi todas en la relación diacrónica, de ahí que pensemos que los hijos (biológicos o adoptados, real o simbólicamente) son condición inexcusable del hecho social familiar que nos hace humanos. El rechazo implícito o explícito, real o simbólico, de los hijos supone la negación del servicio social que presta la familia a través de sus funciones y conforma, por tanto, exclusión en la medida en que se deja fuera del ámbito de lo social aquello que es lo más nuestro como humanos: nuestra condición familiar.

A estas alturas podrá pensar el lector que quizá es este el momento idóneo para dar una definición de la familia a la luz de la reflexiones que estamos haciendo. No ocultamos que la petición de la definición es algo que se nos ha hecho muchas veces, pero en todas esas ocasiones hemos manifestado que definir la familia va precisamente en contra de la comprensión que estamos haciendo del hecho familiar. La familia no se puede definir al modo como se promulgan las definiciones aprioristicas. A la hora de entender la familia lo que prima es la visión post hoc; la vida aquí va siempre por delante. Podemos agregar que va muy por delante, lo suficiente para que esa realidad vital no pueda ser fruto del diseño especulativo o del afán moldealista que abrazan los defensores del multifamilismo. No definimos la familia porque la familia se está siempre definiendo independientemente de los deseos que puedan tener algunos por definirla a su gusto. En este sentido es la historia la que nos muestra el contraste entre óptimos y pésimos: entre familias mejores y peores, y como corolario nos señala qué situaciones han de ser apoyadas y cuáles deben ser recriminadas. De lo visto hasta ahora podemos quedarnos con dos notas que quizá satisfagan el afán comprensivo de los que nos piden una definición imposible: una nota clara es el hecho identitario familiar humano, hecho que no está cabalmente recono-

cido in casi ninguno de los ordenamientos ju-
rídicos modernos; la otra nota es el criterio de
funcionalidad que acabamos de aportar y que
podemos subrayar diciendo que la familia funcional es la más propiamente humana y que por
ende los humanos somos más humanos cuanto
más funcionales sean nuestras familias.

A ciertas personas les extraña de esta explicación more definitorio que uno no hable del
matrimonio al dar las notas características del
hecho familiar humano. Podemos decir que no
hablamos del matrimonio con ánimo didáctico.
Efectivamente creemos que la comprensión del
hecho familiar que prima la autocomprensión
de la relación esponsal y que hace de la relación
paterno filial una relación derivada o secundaria
es una comprensión defectuosa. El peso de este
defecto es grande en los centros e institutos que
se dedican a estudiar la familia y un servidor se
atreve a afirmar que ello es debido al excesivo
peso que tienen en esos centros nuestros colegas
canonistas. Para el canonista primero es el matrimonio y después, como consecuencia, la familia.
Nosotros creemos que es al revés, primero es la
familia (todos nacemos en familias ya existentes)
y como consecuencia de la separación de familias mediante la extrañeza estas se multiplican a

través de las uniones de extraños que se hacen propios mediante la unión matrimonial. En una familia tiene más valor constitutivo e identitario la relación paterno filial (relación diacrónica) que la esponsal (sincrónica) razón por la que entendemos que una unión esponsal de por sí carece de las notas de funcionalidad que caracterizan la familia humana en la medida en que no incorpore los hijos a su universo simbólico[8].

Entendemos por esto que la comunicación y solidaridad entre las edades, que es concomitante a la pervivencia y continuidad social, es la misión más importante de la familia. Por eso las relaciones ma/paterno-filiales son el eje sobre el que se vertebra toda la sociedad. Conviene recalcar este punto que es muy importante: la familia está conformada por dos tipos de relaciones, la más fundamental es la relación de comunicación vertical diacrónica que se da entre generaciones (abuelos, padres, nietos, etc.), la otra, para lo so-

---

8. En este sentido es importante la intencional apertura a la vida que contemple la decisión de contraer matrimonio pues ella implica una adopción simbólica (incluso cuando los hijos no vengan) de la que carecería la pareja que excluyese la descendencia. En el primer caso hay familia, en el segundo, no.

cial menos importante, es la relación de comunicación horizontal (sincrónica) como la fraternal o la esponsal. El reconocimiento de estas dos relaciones capacita a las edades y generaciones para comunicarse no solo en el tiempo sino a su través, y la sociedad es en definitiva comunicación a través del tiempo. La sociedad es intercambio y regalo y en la familia aprendemos las normas y disponemos del marco idóneo para entablar contacto y comunicarnos con nuestros semejantes en el marco del devenir.

Recordemos que todo proceso comunicativo se efectúa a través de normas (la gramática para el lenguaje, el código de tráfico para la conducción de vehículos, la moda para el vestido, etc.), y las normas sociales se aprenden en la familia. Un buen aprendizaje de las normas de comunicación social, de los usos y costumbres saludables, no solo facilita la vida a cada uno sino que contribuye al bienestar general de la sociedad en su conjunto. Al tiempo que uno aprende esas normas aprende también a considerar como humanos a los interlocutores y consecuentemente practicamos esa humanidad afirmando la solidaridad con la que cuidamos a nuestros niños que aprenden y a nuestros ancianos que nos enseñaron. Por todo esto lo mejor que le puede pasar a uno es nacer, vivir y morir en una buena, y por tanto, óptima, y por tanto funcional, familia.

Nuestra postura conlleva efectivamente una propuesta: la propuesta de familia funcional. Es esa familia, la que cumple las funciones que la sociedad espera de ella, la que debe de proponerse, incentivarse y ayudarse como óptimo de vida humana, marcando las diferencias con otras propuestas o realidades familiares menos funcionales, algunas de las cuales deberán simplemente tolerarse y otras desincentivarse con las políticas legitimadas al efecto con las razones del derecho y de la oportunidad. Entendemos, como creemos que queda claro en nuestro argumento, que la propuesta de la familia funcional es una propuesta abierta al cambio en el sentido que los criterios de funcionalidad están insertados en el devenir y en este sentido nuestra propuesta se aleja de lo que los conservadores defienden cuando proponen lo que ellos llaman familia natural[9].

9. Esta terminología está abanderada por Allan Carlson y el Congreso Mundial de Familias y está originada en el debate norteamericano entre socialconservadores (más tradicionalistas que los simplemente neoconservadores) y progresistas. El término carece de sentido fuera de la peculiar competencia de eslóganes y bandos de la cultura norteamericana.

Pero al mismo tiempo nuestra propuesta de familia funcional se aleja de la aspiración del multifamilismo de legitimar lo que estos últimos llaman familias alternativas en el bien entendido que estos arreglos de conveniencia carecen de alguna de las notas de funcionalidad[10].

No cabe duda de que para cualquier país la salud y estabilidad del sujeto familiar es la condición más importante para garantizar su progreso y bienestar social. Los países con mayor calidad de vida familiar son también los países con mayor esperanza de vida, con mayor seguridad y con menos lacras sociales. Esto es así, entre otras razones, porque aprendiendo a llevarnos bien en familia con nuestros diferentes puntos de vista, aprendemos también a llevarnos bien en esa multitud de familias que es la sociedad. Por todo lo cual, la capacitación familiar mediante la que adquirimos conciencia de nuestra condición so-

---

10. Una de las notas de las que carecerían gran parte de las así llamadas familias alternativas sería la de la equidad generacional por lo que se refiere a las uniones que no contemplan las relaciones de cuidado equitativo que supone la transmisión de la vida y que se manifiesta en el cuidado de sus ancianos y niños. La relación abuelos-nietos es una de las relaciones que sufren en primer lugar la disfuncionalidad familiar.

cial es una de las mejores inversiones educativas. Mediante esa capacitación nos damos cuenta del sujeto que somos. Y una vez que nos miramos en el espejo y descubrimos ante quién estamos, entonces podemos entender porqué para nosotros los humanos la dignidad de sabernos familiares nos permite respetar a los demás.

II. *Del sujeto al objeto: la familia como entorno de responsabilidad*

Sabemos que para el liberalismo que es la ideología que más impregna nuestra cultura, el sujeto es fundamentalmente el individuo, no la familia. Por eso, el discurso liberal tiende a entender la libertad, bien como un pacto entre caballeros (como una coexistencia pacífica), o bien como independencia o autonomía (la libertad de no injerencia por parte de otros). Para el liberalismo la libertad de uno llega hasta el obstáculo que la para (la libertad de otro) de modo que si ese obstáculo no existiera la libertad de uno llegaría más lejos.

Aquí encontramos una confusión importante y es que si no se reconoce al sujeto familiar es muy difícil reconocer la humanidad de los otros sujetos. Para el planteamiento liberal, que suele ignorar al sujeto familiar, el individuo humano se convierte en objeto como obstáculo. Y este es un pozo ideológico del que no se puede salir mientras no reconozcamos que los humanos somos interdependientes y que conformamos sujetos plurales que mantienen relaciones constantes entre sí y a través del tiempo. Es decir, mientras que no reconozcamos nuestra condición familiar no podremos sustraernos a la tentación de transformar al otro, sobre todo si aún no existe o todavía no sabe, en objeto.

La relación entre sujetos y objetos en la medida en que hablamos de sujetos diversos y de objetos comunes (esa común circunstancia a todos los objetos de estar fuera del sujeto), es un modo nuevo de relación distinta a la relación entre sujetos. La relación familiar (entre humanos, que hace humanidad) se complementa así con la relación propiamente económica entre humanos y no humanos. Ahora nos tratamos de preguntar qué criterios deben de presidir esa relación entre sujetos y objetos para que se pueda decir que es propia de los humanos como tales.

La respuesta que damos a ello es que la característica fundamental de la relación entre sujeto y objeto debe de ser que esté presidida por

la responsabilidad. Lo que queremos decir es
que los demás humanos (también en su vertiente
diacrónica) reconozcan como propiamente humana (como suya) la relación de cualquier sujeto humano con cualquier objeto no humano,
como pueden ser, por ejemplo, un vehículo de
expresión, un recurso material, o una técnica de
transformación. Queremos decir que hay modos
más o menos humanos de relacionarnos con lo
no humano.

Esta visión que exponemos aquí de primacía
de la responsabilidad excluye el entendimiento
competitivo de la libertad que tanto gusta a los
liberales[11]. Usando el lenguaje de los límites, tan
querido por el debate moderno (hasta dónde se
puede llegar) como por el debate premoderno
(hasta dónde se debe llegar), el límite de la libertad no está, ni puede ni debe estar, en otra libertad sino en la propia responsabilidad. Uno solo
puede ser libre hasta donde es responsable y más
allá (donde hay ausencia de responsabilidad) no
hay libertad. Pero más acá de la responsabilidad
todo es libertad.

---

11. Para una crítica del liberalismo en este punto, *vid.*
Jonas, Hans, *El principio de responsabilidad*, Herder, 1995.

Así, si queremos ensanchar la libertad, debemos ampliar la responsabilidad. Aquí radica precisamente la importancia del correcto entendimiento del sujeto, del quién es libre, pues solo reconociéndolo podremos después respetarlo, mientras que si lo ignoramos perderemos la esperanza de reconocer humanidad y, por tanto, de protegerla. La formación en la responsabilidad es, por tanto, una formación básica en los tiempos modernos. Es la responsabilidad de sabernos familiares y de respetar esa condición en los demás, punto en el que radica el amparo y fomento de la libertad. Por eso, notamos que desgraciadamente en nuestro contexto cultural la disminución de la responsabilidad está ahogando la libertad.

Los tiempos que corren padecen la irresponsabilidad innata al individualismo. No podía ser de otra forma: si se niega el sujeto colectivo en el que somos humanos, negamos también el deber de responder a lo que de humano haya en los demás. Por el contrario, de la apuesta decidida y firme por la responsabilidad de sabernos familiares (que es lo mismo que reconocer nuestras dependencias) se llega al conocimiento y defensa de nuestra humanidad. Y ello excluye, en el contexto del discurso que estamos haciendo, al individualismo y al liberalismo que lo causa, como ideologías que permitan un futuro más justo y libre.

Se cuenta que al inicio de la segunda mitad del siglo pasado hubo un movimiento de opinión en los Estados Unidos de América, para edificar en Los Ángeles, una gran estatua de la responsabilidad que hiciese par a la estatua de la libertad de Nueva York. Efectivamente sin responsabilidad no hay libertad y la libertad es consecuencia de la responsabilidad.

El miedo a la libertad que se adivina en los comportamientos miméticos que ha fomentado y sigue propugnando el materialismo consumista de la cultura moderna es, a fin de cuentas y en definitiva, un miedo a la responsabilidad. Esto es, un miedo a señalarse ante los demás como humano (como deudo o dependiente de otros) y un miedo a reconocer a los demás como tales también (como fámulos y necesitados de todos). Cuando apreciamos que la libertad está amenazada por la técnica, que la ciencia está huera de ética, o que la inseguridad se ha convertido en el síndrome de carencia más común de nuestro tiempo, nos damos cuenta de que nos sentimos constreñidos en nuestras legítimas aspiraciones de libertad. Todo ello es herencia de la falta de responsabilidad. Y la irresponsabilidad puede lle-

varnos, si no lo remediamos a tiempo, a dos situaciones a cual peor. Una es el deterioro paulati-
no de la calidad de vida. No debemos olvidar que
dos de las mayores lacras de nuestro tiempo, la
crisis medioambiental y el aumento de la violencia, son fruto directo de la ignorancia sobre quién
y ante quién se responde. Y la otra situación es el
deterioro de la democracia pues cuando al estado
se le traspasa el monopolio de la responsabilidad
caemos irremisiblemente primero en la dictadura
y después en el totalitarismo.

No debemos olvidar que la responsabilidad
supone el reconocimiento del deber que va parejo
al disfrute del derecho. Hay derechos porque hay
deberes y viceversa. La inmadurez de la aspiración moderna que clama por los nuevos derechos
y se olvida de los deberes anejos supone no ya
solo la negación de la propia condición humana
sino la imposición sobre otros de nuestra propia
deshumanización. Parece que se oye el clamor
casi unánime: "más libertad y menos responsabilidad", o "libertad para mí y responsabilidad para
el estado", y se multiplican los reclamos de nuevos derechos sociales (a una renta), derechos culturales (a una legislación y excepciones *ad hoc*), o
derechos sexuales (al género y a la opción), y ello
se hace, he aquí la irresponsabilidad, sin hablar al

mismo tiempo de deberes para con ningún nosotros ni ningún después. No debemos engañarnos. Si olvidamos los deberes socavamos lo que de justo pueda tener el reclamo de derechos y a la corta o a la larga generamos conflicto y eso nadie lo quiere aunque muchas veces parezca que todos lo procuran.

Pensamos que los reclamos de la cultura liberal moderna en la medida en que reflejan el protagonismo exclusivo del individuo y reniegan de las dependencias sociales y de las propias responsabilidades, son reclamos de esclavitud. Vemos necesaria, como defiende el comunitarismo, presentar una alternativa ideológica al rancio y agotado liberalismo. Nuestra apuesta va en la línea de revisar los fundamentos sobre los que se asienta nuestra comprensión de la vida política para incorporar como sujeto de derechos y deberes al sujeto colectivo, lo que los sociólogos llaman sociedades intermedias o comunidades, y entre las que la familia es la más importante.

Creemos que el presente y futuro de la libertad humana, y más en concreto el respeto a la libertad de los demás humanos, está amenazado. Una libertad sin responsabilidad supone el disfrute para unos de las esclavitudes de otros.

Nuestra propuesta apunta a la superación de este peligro mediante el fomento y ejercicio de la responsabilidad. Descubramos y aportemos nuestros deberes para el reconocimiento pleno de nuestros derechos. Si queremos ser más libres seamos más responsables, si queremos ser más responsables seamos más familiares; solamente así seremos todos un poco más humanos.

> ¡Ay del noble peregrino
> que se para a meditar,
> después del largo camino,
> en el horror de llegar!
>
> *(Antonio Machado)*

6. El poder familiar

I. *La razón social del poder*

Al comentar hace un tiempo a un amigo que estaba trabajando sobre el poder en la familia, me interpeló: "¿Querrás decir la autoridad, no?". Le respondí que no, que me refería al poder y que en concreto estaba trabajando el poder *de* la familia más que el poder *en* la familia, que es a lo que muchos se refieren cuando hablan de la autoridad familiar.

Efectivamente, creo que el análisis del poder como categoría sociológica es una perspectiva que ha sido injustamente despreciada en los últimos años y, sin embargo a mi juicio, este análisis es tremendamente relevante para entendernos como seres familiares y, lo que es más importante, para que los demás nos entiendan y comprendan como tales[12]. En este mundo nuestro, desgraciadamente, si no tienes poder, no existes, razón, entre otras, por la que pienso que si fallamos en entender la familia como una unidad de poder, fallamos en comprenderla en toda su dimensión.

Naturalmente al hablar del poder, aunque sea en relación con algo que evoca tanto sentimiento

12. El estudio del poder es clave en sociología. Se echan, no obstante, de menos trabajos modernos que avancen significativamente los análisis que Max Weber efectuó en Alemania hace ya más de 80 años. Ni el francés Raymond Aron, ni desde la filosofía la pensadora Anna Arendt, puede entenderse que añadieran significativos avances a lo aportado por Weber. Son quizá Pierre Bourdieu (*La fuerza del derecho*, Siglo del Hombre, 2002, e *Intelectuales, política y poder*, Universidad de Buenos Aires, 2000) y Alain Touraine (*¿Podremos vivir juntos?* PPC, 1997) los autores que más repercusión tienen en las bibliografías y programas sobre el poder en los estudios de ciencia social en España. En ambos casos, a pesar de un indisimulado compromiso político con los partidos de la izquierda parlamentaria, tanto Bourdieu como Touraine argumentan sus planteamientos con lucidez y fuerza pero sin llenar el hueco de una reflexión original en español que todavía está pendiente de hacerse. Para un análisis descriptivo del poder *vid.* Etzioni, Amitai: *The Active Society* (The Free Press, 1968) particularmente pp.314 y ss. y 357 y ss.

y afectividad como es la familia, tenemos que hacer unas precisiones terminológicas de corte académico de las que no podemos excusarnos.

En un sentido genérico nos referimos al poder como a la capacidad de proponer y conseguir metas que entrañan el manejo o la aquiescencia del ambiente en el que se opera. Cuando hablamos de poder social y de acuerdo con los clásicos de la sociología, podemos calificar al poder como *poder distributivo*, ese poder que si lo tengo yo, no lo tienes tú, y que parodiando a Weber podíamos definir como la capacidad de que un actor social dentro de una relación que implica a otros actores sociales pueda conseguir su deseo a pesar de la resistencia que pueda encontrar en el resto. Pero también podemos hablar del *poder colectivo*, que sería, ahora parodiando a otro clásico como fue Parsons[13], ese poder añadido que nos da a nosotros la relación social sin la cual ese poder no existiría. Estos dos tipos de poder, el distributivo y el colectivo, tienen a veces un protagonismo antagónico, como veremos a continuación.

13. *Vid.* García Ruiz, P. y De la Hoz, P.: *Talcott Parsons: una teoría de la acción social* (Eunsa, 1991).

Michael Mann en un libro, *Las Fuentes del Poder Social*[14], que empezó a publicar en Londres en 1986 y cuyo tercer volumen todavía está por aparecer, analiza magistralmente las diferentes concepciones del poder y señala precisamente la falta de reconocimiento del poder colectivo como la fuerza e inercia que más ha ralentizado los cambios sociales en la historia humana. Ello es así, explica Mann, porque las fuerzas que detentan el poder en el reparto de distribución, lo que en el lenguaje vulgar llamamos los poderes constituidos y que a veces etiquetamos ordinalmente como primer poder, segundo poder, tercer poder, cuarto poder, y ahora hasta quinto poder, siempre han pretendido que los poderes colectivos pasen ocultos de manera que nunca puedan restar protagonismo al orden o desorden preexistente. Este escenario es, a mi juicio, el escenario que dibuja en el mundo moderno la conculcación, cuando no la beligerancia abierta contra el poder colectivo más radicalmente humano, el poder de la familia.

El análisis del poder colectivo, efectuado casi siempre desde dentro de las ciencias sociales por autores como, amén del mencionado Parsons,

14. Alianza, 1991.

Mancur Olson, o el denostado Foucault, que en algunas cosas tenía razón[15], es muy interesante. Entre otras razones porque, si nos damos cuenta, la historia del desarrollo moderno es la historia del reconocimiento del protagonismo del poder colectivo. Es decir: la historia de la cimentación de relaciones humanas que enmarca la convivencia democrática, la historia de la cooperación técnica que procura el avance científico, o la historia del ensanchamiento de las comunicaciones que propicia la globalización y el acceso a la información. El poder colectivo tiene carácter aditivo y, en cierto modo y a diferencia del poder distributivo, podemos pensar que tiene una capacidad ilimitada de acumulación. Es en este sentido en el que entendemos el progreso humano reciente como la creación y distribución de poder a través del reconocimiento primero y la multiplicación y diseminación después de las relaciones sociales

15. Por lo que se refiere a sustraer el estudio del poder del área exclusiva de la política y el derecho y situarlo en el marco general de las relaciones sociales, en las que siempre está presente. El resto del análisis de Foucault y sobre todo su reduccionismo individualista en la comprensión del sujeto nos parece deficiente. *Vid.* Foucault, Michel: *Un diálogo sobre el poder*, (Alianza, 1981).

que acumulan experiencia y conforman redes de intercambio y enriquecimiento mutuo.

Para uno de los estudiosos del poder ya mencionado, Max Weber que escribía su obra en el primer tercio del siglo pasado, la cuestión fundamental, hoy quizá para nosotros no lo sea tanto, era la de la legitimidad del poder. La cuestión de la legitimidad es ciertamente importante si hablamos o nos referimos al poder político de tipo distributivo en el que hay que tener en cuenta consensos y procedimientos, pero quizá no lo sea tanto si nos referimos en la vida cotidiana, a otros aspectos en los que está presente el poder como las modas o aspiraciones sociales. En cualquier caso, algo que reconocemos como atinado y que debemos a Weber es que las instituciones que detentan poder logran legitimarlo en la medida en que consiguen validarse como metáfora de lo natural. Así, por ejemplo, pensamos que lo natural es que un partido que gana las elecciones sea el partido que gobierne, o que es natural que una comunidad decida sobre los asuntos que le perteñen, o que es natural que se dicten normas de mínimos educativos comunes. En definitiva pensamos que es natural la acción de fuerza legitimada por el derecho.

Este tipo de justificación de lo político en base a la metáfora natural, algo que ciertos filósofos dicen que viene de un tal Aristóteles, tiene no obstante una deficiente aplicación cuando tratamos de referirlo no ya al poder exacto de suma cero que hemos dado en llamar distributivo, sino al poder creativo e ilimitado con que nos podemos dotar al reconocernos como generadores de relaciones sociales y al que aquí nos estamos refiriendo como poder colectivo. Y es que en este caso tenemos que recurrir a otro tipo de metáfora, que podemos llamar la metáfora familiar. Justificaríamos, o más propiamente, legitimaríamos el poder colectivo que creamos al reconocer relaciones sociales en la medida en que entendemos ese poder como metáfora de la familia. Así, por ejemplo, pensamos que es familiar que uno entre a formar parte de una comunidad virtual, o que es familiar que uno regale conocimientos, o que es familiar que cuidemos el medio ambiente para los que vienen después. Aquí vemos lo humano como humano por ser familiar.

Creo que con nuestro uso del lenguaje puede ya atisbarse el mensaje que queremos transmitir. Estamos haciendo una distinción necesaria entre poder distributivo y poder colectivo y a la par estamos distinguiendo entre naturaleza y sociedad.

En definitiva, en la línea que hemos defendido en otros escritos y pronunciamientos, defendemos que los esfuerzos de legitimación de la familia deben de hacerse desde la metáfora social, y no desde la natural, como muy desacertadamente se han estado haciendo hasta ahora. En este sentido hemos de superar definitivamente al tal Aristóteles, que es lo mismo, y en esto arrimo el ascua a mi sardina, que decir que a la hora de entender, defender, y proponer la familia, demos por superadas ciertas viejas tradiciones filosóficas de dudoso provecho en este campo. Es en y con la sociología reciente como mejor podemos avanzar en la comprensión del hecho familiar como el hecho constitutivo de lo humano al tiempo que puede ser también este el instrumento metodológico más adecuado para propiciar ciertos cambios sociales de urgencia perentoria.

II. *El sujeto del poder*

La distinción entre sujeto y objeto social es una distinción radical si la enfocamos desde el punto de vista de la política. Los sujetos políticos actúan en el ágora pública incluso desde la pasividad, simplemente siendo lo que son. El caso de los objetos de la política es, por otro lado, muy distinto. Desgraciadamente a la familia se la está considerando hoy en día mayoritariamente un objeto de la política, como observamos que ocurre con las así llamadas políticas familiares. La consideración de la familia como sujeto en política dista sin embargo mucho de ser tenida en cuenta. Ello es, entre otras razones porque seguimos primando en el entendimiento de lo público las razones distributivas del poder en vez de las constitutivas.

Cuando entendemos la familia como una mera unidad de poder distributivo, la familia es objeto. Por un lado es objeto de cuidado y protección por parte de monopolios de dominio, tal y como consideramos al estado providencia moderno. Y por otro lado es objeto también de disputas entre individuos (generalmente agentes adultos con fuerza contra pacientes menores sin defensas) en el marco de un análisis del poder que ignora otras realidades que no sean las estrictamente políticas del reparto de bienes cerrados. Sin embargo, la familia como unidad de poder (colectivo), que es como a nuestro juicio debe de ser entendida y explicada, es otra cosa: es un sujeto social. Y de los sujetos sociales emana poder por su mera condición. Hay un abismo entre la concepción de la familia como objeto y el entendimiento de la familia como sujeto. Por eso, en nuestra opinión, el reconocimiento del poder de la familia, que se basa en un entendimiento del poder familiar como poder colectivo, es una aseveración revolucionaria.

Michael Mann, que repetimos es uno de los más lúcidos exponentes contemporáneos de los estudios de poder, se preguntaba en el primer volumen de su inacabada trilogía cómo es que las masas se han rebelado tan poco a lo largo de la historia. Su respuesta es que la gente se ha mostrado casi siempre sumisa porque muy pocas veces se ha dado cuenta del valor que tienen sus organizaciones colectivas y no ha sabido descubrir el poder y la fuerza que subyacen en las relaciones humanas sostenidas que forman colectividad. Hoy se habla mucho de la sociedad civil, del capital social, e incluso de la familia, como de riquezas sociales. La pregunta que nos hacemos es, ¿nos damos cuenta del poder colectivo que hay aquí? La respuesta es que no y ello nos lleva a otras preguntas: ¿tenemos algunas formas sencillas de reconocimiento del poder colectivo que el carácter de sujeto social otorga a la familia? ¿hay intereses en que este poder no se reconozca, y en ese caso, a qué otros poderes beneficia la ocultación de la familia como sujeto?

Una respuesta sucinta a estos interrogantes creo que podemos encontrarla en un nuevo término, que es ese anglicismo tan de moda, *empowerment*. El *empowerment* o "empoderizamiento", es la conciencia y proyección del propio poder colectivo, lo que supone salirse del círculo cerrado sobre las disputas de reparto en el poder distributivo.

Lo que pedimos es dejar hablar al sujeto con libertad. Estamos representando una escena creativa en el teatro de la vida sin guión predeterminado y donde los actores improvisan su propio papel. La condición de legitimidad que ponemos para subir al escenario es el reconocimiento previo como sujeto. Solo los sujetos sociales pueden desempeñar un papel en esta obra y lo hacen sin mordazas, sin cameos y sin apuntadores. Aquí habrá primeros actores y también actores de reparto, pero en esta representación vital, el papel estelar lo reservamos para el talento más humano y representativo de todos: la familia. Y si la familia todavía no ha salido a escena, que no ha salido, es porque todavía no hemos pasado del primer acto de la obra. Este drama de la historia humana tiene sin duda alguna otra parte, un segundo acto todavía inédito, para el que preparamos un nuevo decorado

y que promete mucha acción y quizá algún que
otro desenlace inesperado.

III. *El ejercicio del poder*

A estas alturas quizá alguien puede estar pre-
guntándose si es ahora por fin cuando vamos a
hablar de política en este libro. Después de tanto hablar de poder familiar y de sacar a colación
el término que más están usando los políticos
americanos no importa de qué partido y en qué
elección, quizá ya ha llegado el momento de concretar alguna propuesta práctica en lo que atañe
a las decisiones que puedan tomarse o propalarse
como óptimas. Efectivamente estamos abocados
a hablar de política y vamos a hacerlo con clari-
dad pues creemos que la apuesta por el poder de
la familia es también la apuesta por una opción
política concreta.

Ya es hora de desvelar el secreto. Esa opción
política concreta se llama anarquismo reformista
o anarquismo pactista. También podemos llamarle comunitarismo, si el término anterior les
suena muy fuerte. Pero no nos engañemos, se
trata de ello: de pactar con el estado un reconocimiento del poder familiar que permita a las familias crearlo y administrarlo ilimitadamente. Para

que eso sea posible es sin duda alguna necesario que el estado se replantee su misma razón de ser para ser algo distinto de lo que es ahora.

El reconocimiento de un nuevo sujeto como sujeto afecta, podemos decir que esencialmente, a los sujetos ya existentes. Esto lo entendemos muy bien cuando pensamos en las grandes controversias de la historia que han motivado las sucesivas codificaciones de derechos. Pensemos en la controversia indigenista del siglo XVI, la esclavista del XVII, la sufragista del XX , o el pendiente reconocimiento de los derechos del no nacido. El acomodo de un nuevo sujeto implica que los sujetos ya acomodados se relacionen con él de manera distinta a como se relacionaban antes y también que se piensen a sí mismos de manera diferente. En este sentido el reconocimiento de la familia como sujeto implica necesariamente un replanteamiento del entendimiento que los sujetos ya acomodados tienen de sí mismos y aquí nos referimos particularmente al estado como el sujeto por antonomasia de la modernidad.

Alguno podría pensar, "bien, pues si para reconocer el poder familiar tenemos que esperar la transformación del estado, andamos listos: esta será una espera infinita". No tiene porqué ser así. Afortunadamente existen mecanismos

de diálogo, de megálogo, que diría el admirado Amitai Etzioni, para encauzar cambios de
amplio calado en sociedades democráticas. Bien
sabemos, no obstante, que el gran enemigo de la
democracia es la inmoralidad de la corrupción
y podemos anticipar que el poder establecido
va a intentar comprar a quien proponga cambios de calado obsequiándole con un poco más
de poder distributivo con tal de que retire su
propuesta de reconocimiento de nuevos poderes
colectivos.

   ¿Qué de qué estoy hablando? Pues de la inmoralidad de rendir los principios ante las prebendas
de la política fiscal. La familia lo que necesita es
poder, no dinero, no debemos confundirnos. El
tema central en el debate sobre el poder familiar
no es un debate sobre la economía doméstica o la
legislación laboral, estamos ante algo mucho más
importante a mi juicio. Algo de calado enraizado
en los principios que contestan eso que buscamos
responder cuando nos preguntan qué significa
ser humano. Ser humano es ser familiar y más
humanos seremos cuanto más familiares nos reconozcamos. Se trata de un reconocimiento de
partida, de esos artículos que se escriben en los
preámbulos de las constituciones para dar sentido a todo lo que viene después. No, no hablamos

de dinero, ni de sueldo del ama de casa, ni de descuento o desgravación por hijo, ni siquiera del cheque escolar. Estamos hablando de poder.

Vayamos concretando. Hay un tema práctico en el que quiero centrar este punto y que parece en aras de sencillez lo suficientemente concreto y simple como para recabar una atención pormenorizada. El poder se ejerce en nuestras sociedades a través del voto[16]. Nos parece de todo punto inexcusable que la familia no vote. ¿Podrán las familias votar?

Creemos que sí y además pensamos que es esta una primera propuesta sobre la que se puede ir edificando poco a poco ese megálogo que replantee los roles sociales entre sujetos soberanos, estados, individuos, familias y otras comu-

16. Existen varias y buenas aportaciones sobre la relación entre poder y sufragio. La historia del sufragio y de la franquicia electoral es de por sí interesante para entender la evolución del concepto de ciudadanía y vislumbrar su futuro desarrollo. Sobre el particular y sobre nuestra idea de la democracia como proceso y no como estado consolidado nos hemos pronunciado en *Rebeldías* (LaCaja, 2002). Una breve y acertada aportación al respecto puede encontrarse en el trabajo de Ana Cardona, "El sufragio como revolución de la igualdad" *Cuadernos electrónicos de Filosofía del Derecho*, 2/1999.

nidades, que conforman nuestra cada vez más compleja existencia en común. La propuesta de extender el sufragio a los niños, a todos los niños, nos parece un buen modo de iniciar un diálogo con el estado que lleve de ahí hacia otras propuestas y objetivos viables de reconocimiento del sujeto familiar. Trataremos de presentar la argumentación en términos distributistas, que son los que el estado entiende.

El reconocimiento de la familia como sujeto que es al mismo tiempo ámbito de bienestar, de equidad, de justicia y de realización implica la confianza por parte de los poderes constituidos aún y cuando en la vieja tradición weberiana se piensen como poderes monopolio. Los gobiernos, ello creo que se entiende en la retórica política moderna, deben confiar en las familias: garantizar su libertad y asegurar también su capacidad decisoria que se supone que es un logro en el afianzamiento de las libertades públicas y de los derechos civiles.

Una muestra básica de confianza es, a nuestro juicio, asumir como meta a alcanzar en los próximos años en todo el mundo el derecho al voto de los niños representados por sus padres. Esta reivindicación fue propuesta primariamente en la Declaración de San José de Costa Rica el

28 de Julio de 2001[17]. Ahí se decía que uno de los logros del siglo XX fue la extensión del sufragio universal a la mujer, aun y cuando este derecho no esté plenamente reconocido todavía en algunos países. En el siglo XXI la inclusión de los niños en el sufragio hará definitivamente universal el derecho al voto, que es una exigencia irrenunciable de la persona en una sociedad democrática. Toda vida humana, no importa su tamaño, debe ser reconocida por la sociedad como miembro actual y no solo potencial. La participación activa de la familia en las elecciones implica otorgarle

17. Existe una tradición en la reivindicación de este derecho en los estudios de derechos civiles en los Estados Unidos. El Family Research Council ha abogado por esta medida en algunos manifiestos y últimamente se ha planteado la cuestión de nuevo con la reivindicación de los niños como sujetos de derecho que hace el informe *Hardwired to Connect* de la Comisión Federal Niños en Riesgo del congreso norteamericano (2004). Algunos pensadores norteamericanos como Robert Bennet y sobretodo Duncan Lindsay han estudiado la viabillidad de extender los derechos políticos a los niños y cómo ese voto puede ser depositado por sus padres (en urnas especiales de medios votos por ejemplo) o por ellos mismos cuando así lo deseen. En nuestro país el profesor Guillermo Díaz Pintos de la Universidad de Castilla La Mancha, ha sido uno de los principales defensores de la propuesta.

el voto a todo el núcleo familiar en proporción a su tamaño. Consiste en la equiparación de la ciudadanía a la nacionalidad: la extensión de los derechos propios de la ciudadanía a todos los nacionales, incluyendo los menores de edad.

El voto de los niños representados por sus padres es una manifestación de que la familia es sujeto social de derechos. Toda persona desde el inicio de su vida debe de tener derecho a su inclusión en el censo electoral. El voto de cada menor de edad será emitido por sus padres de acuerdo con el sistema que cada país vea más conveniente y justo a sus circunstancias. Existen varias propuestas y estudios realizados al respecto cubriendo las diferentes posibilidades.

El derecho al voto de los niños, amén de que sea una reivindicación política para reconocer el poder colectivo que emana del hecho familiar, es también, y ello es bueno apuntarlo aunque nos desvíe del discurso, una necesidad educativa. La sociedad necesita padres responsables que sepan transmitir valores y actitudes saludables de generación en generación conformando culturas de servicio en la que los niños sean protagonistas. Una cultura y una sociedad saludables suponen el protagonismo de los niños, para los que trabajamos y preparamos un mundo mejor y plenamente incluyente. Vivir para los niños y apostar por la familia en la que viven es hacer futuro y es también una manera eficaz de vacunarse contra el individualismo que cierra las puertas al reconocimiento de lo que en definitiva nos hace humanos: pensarnos humanamente familiares. Esto es también dar poder a un nosotros que muchas veces pasa oculto. Dar poder a los niños es por esto reconocer el nosotros que somos cada uno y con ello darnos todos más poder sin quitarlo a nadie.

¡Estaba yo tan contento De ser yo, yo para ti!
¡Qué alegría ser así
Dos historias en un cuento!

(Jorge Guillén)

7. Los otros sujetos: la extrañeza

Bien está esto de sumar y crear poder pero, tarde o temprano el distributista que se esconde tras cada defensor de la competitividad o de ese otro anglicismo tan de moda como es el llamado liderazgo, acabará preguntando: ¿pero está usted seguro que aquí no pierde nadie? ¿quiénes pierden o quiénes perdemos reconociendo el poder familiar?

La verdad es que aquí se pierde algo y es bueno advertirlo para no llevarnos a engaño. No se trata de una pérdida económica ni tampoco de una pérdida de libertad: se trata de una pérdida de protagonismo. La defensa del poder familiar que va implícita en el reconocimiento del sujeto familiar como sujeto social, entraña una cierta pérdida de protagonismo para la igualdad, al menos en el plano teórico, aunque ello también lo podemos ver como una ganancia: una ganancia de extrañeza. Al reconocer el sujeto familiar introducimos un nuevo elemento de diferenciación humana que hará que desde dentro de la distinción unos sean para algunos más distintos que otros y que por tanto legitimemos con nuevas razones que a unos les prestemos menos atención que a otros, es decir que a unos prestemos una atención familiar que a otros no prestamos.

Efectivamente una paradójica conclusión de todo lo expuesto hasta ahora es que la familia, esa familia para la que reclamamos y demandamos poder conforma también un ámbito legítimo de exclusión que es preciso que sea reconocido como tal por el estado.

Un rasgo común a todos en todas las familias y que tendremos que resaltar será la extrañeza. La familia nos une a los humanos en la extrañeza, que es lo mismo que decir que lo que nos distingue a todos y cada uno de nosotros es que pertenecemos de distinto modo a distintas familias: nada más y nada menos.

Ahora bien, esto quiere decir que hemos de replantearnos el discurso uniformista de la igualdad[18]. Desde el punto de vista del poder distri-

---

18. Mención merece un clásico olvidado. Ramón Campos (1755-1808) escribió su tratado *De la desigualdad personal en la sociedad civil* con un lenguaje por el que ha

butivo todos somos o debemos ser iguales, pero desde el punto de vista del poder colectivo no lo somos. Creo que esto hay que decirlo con la boca grande: la exclusión que implica la extrañeza familiar es tan humana como la inclusión que supone la referencia a poderes distributivos. La extrañeza familiar no es algo accidental a la vida social, más bien al contrario es el eje sobre la que se vertebra. No podemos presentarla como una excepción como cuando decimos con la boca pequeña que en ello y solo en ello nos distinguimos.

I. *Repensar la igualdad*

Es necesario contestar el interesado y cínico discurso igualitario que hace el estado para que no se reconozca ningún otro tipo de potestad legítima aparte de la suya. Con la defensa de la discriminación legítima que supone la aspiración a que se reconozca con todas sus consecuencias el poder colectivo del sujeto familiar creo que

pasado mucho menos tempo que por el de otros autores en lengua francesa o alemana sobrerepresentados en la bibliografía y en las fuentes de la investigación sociológica en español. La Institutión Alfonso el Magnánimo tuvo el acierto de reeditar la obra de Ramón Campos el año 2000.

hacemos un servicio al bienestar colectivo en la medida en que subrayamos lo más humano. Lo común entre humanos, podemos decir de manera certera y precisa, no es que pertenezcamos a una familia, sino que pertenecemos cada uno a la nuestra, que es distinta de las otras.

Creemos que se ha exagerado mucho y se sigue exagerando la utilización por extensión del término "familia", y aquí abogamos por un uso restrictivo del mismo. Expresiones como "la familia humana", o la "familia de naciones" o la "familia de familias", son conceptos que apuntan la confusión fundamental de la desaparición de la extrañeza y la extrañeza es, del mismo modo, que la familia, fundamental para entender lo social.

La "familia humana", propiamente hablando, no existe. Existen las familias de los humanos y es precisamente esa pluralidad cuantitativa de familias lo que nos hace ser al mismo tiempo propios y extraños, que es lo que somos: propios de nuestra familia y más o menos extraños de todas las demás. Naturalmente, que esa extrañeza es, como bien se habrá podido adivinar, el pegamento que nos une en la diversidad espontánea de la relación. Lo que a mí, un varón mediterráneo que habla castellano, me une a una persona de raza y cultura china habitante de una ciudad del, para los europeos, oriente lejano, no es la común pertenencia a la familia humana sino la común condición de nuestra pertenencia a familias extrañas que serán distintas pero igualmente humanas.

La extrañeza es suposición y reconocimiento de lejanía. En un mundo que se llama globalizado las relaciones de proximidad nos dividen entre vecindarios culturales que son flexibles y mudables debido a la interacción. La interacción crea y su ausencia distancia nuevas y múltiples vecindades pobladas y compuestas por unidades familiares reconocibles como tales precisamente en la negación de pertenencia a los no familiares. Por eso sin la exclusión que supone la extrañeza no existiría la familia.

Hace un tiempo me pidieron que dirigiera la palabra a un grupo de profesionales de la comunicación y recuerdo que causó sorpresa que hablase en mi intervención de la imposibilidad de la comunicación universal si el entorno en el que operaba el intercambio de información no era un entorno que reconociese la diferencia entre propios y extraños. Efectivamente, uno se comunica con lo extraño en base a un acuerdo vehicular normativo como puede ser el lenguaje. El rechazo de la extrañeza supone en muchos casos el rechazo del lenguaje pues si no somos extraños no tenemos porqué comunicarnos, simplemente nos autoproyectamos y en paz. Ocurre así a veces en la familia donde una mirada, un gesto, un deseo encuentra eco y respuesta sin necesidad de intercambio racional.

Y es que sin familia, nosotros los humanos no somos comunicables, seríamos o intentaríamos que los demás fuesen nuestros replicantes, como muy bien decía Harrison Ford en Bladerunner al explicarle a su compañero que distinguiría a los replicantes porque, decía, "los replicantes no tienen familia".

No ignoramos el hecho de que ciertos tics miméticos de nuestra cultura quieren convertirnos en replicantes. Efectivamente, el individualismo, que en definitiva margina la realidad sociofamiliar humana, pretende encapsularnos como humanos no familiares o al menos como "accidentalmente" familiares. En ello convergen, es bueno advertirlo, los modernos discursos del inclusionismo unitario.

La familia es el ámbito propio y genuino de la exclusión: ningún humano puede renunciar a su condición familiar diferenciada sin dejar de ser al mismo tiempo humano. Pero, por otro lado, la familia es al mismo tiempo el ámbito propio y genuino de la inclusión: la afirmación familiar es el distintivo de la humanidad y reconocer en los extraños su condición familiar es reconocer a fin de cuentas su humanidad. Que ello nos dé poder, aunque sea a costa del monopolio de poder del estado, nos parece lo más lógico y normal. Así, decir o defender la diversidad en la unidad es lo mismo que afirmar la extrañeza que nos une. Cuando la exclusión se asienta sobre razonamientos inhumanos (superhumanos) que distinguen no ya entre familias, que es lo identitariamente humano, sino entre lenguas, religiones, rentas o razas, la comunidad desaparece para dar paso a la sociedad estamental feudal con monopolios de poder y responsabilidad. Esforcémonos en que la historia no vaya por ahí.

La condición humana no se puede suponer solo con la estética y la replicabilidad formal: nuestra sociedad se diferencia del agregado de autómatas en la medida en que reconozcamos nuestras diferencias como sujetos grupales de carácter familiar. En la medida en que seamos capaces de reconocer en los demás la extrañeza que nos une seremos capaces de reconocer su humanidad.

Todo esto implica repensar la igualdad, o quizá, mejor dicho, repensar nuestra desigualdad para fundamentarla en su punto justo. Ese punto dista equidistantemente tanto del individualismo ontológico (algunos le llaman socialismo) que abraza el multifamilismo al afirmar que todos somos efectivamente iguales porque el hecho familiar (que se supone ampara las diferencias) es mero accidente anecdótico, como del individualismo aristocrático que abraza el exclusivismo al separar de facto la dimensión afectiva y trascendente (que se supone anida en la familia) de los reclamos de justicia social. Nuestro ánimo apunta, una vez que el derecho ha garantizado los reclamos de humanidad que perteñen al ágora pública y que hemos dado en llamar derechos humanos, a subrayar la condición familiar como modo de llegar a un justo reconocimiento de la igualdad.

Este es a nuestro juicio el gran debate del tiempo presente si bien no deja este de ser un tema recurrente. Efectivamente, se trata de la vieja contraposición entre naturaleza y cultura o entre génesis y mimesis (entre genotipo y fenotipo que dicen los biólogos). Aquí nos diferenciamos del naturismo dominante para alumbrar un aspecto ignorado y es el carácter de sujeto que tiene la familia. Lo que queremos decir es que la familia no obedece en los humanos a consideraciones de tipo cultural sino que está en la génesis de la condición humana y que por tanto ignorarla supone ignorarnos.

No se nos oculta que existe en este sentido una gran tradición de ignorancia en el pensamiento moderno. Es el sentido en que Rousseau, o Locke que ignoraban la familia, por un lado, y Gandhi que reconocía las castas por otro, aún reconociendo aspectos importantes del derecho, fallan a la hora de apostar por una igualdad en la que quepamos todos como distintos. Cualquier apuesta por la igualdad que no considere la condición familiar humana nos parece deficiente.

II. *Repensar al individuo*

El entendimiento de la familia que estamos proponiendo supone también la conveniencia de ver al individuo desde la óptica de la extrañeza. En ello incide de manera relevante el discurso sobre la capacidad y su aplicación al ámbito de realización familiar.

En el desarrollo que estamos haciendo nos hemos querido vacunar contra la tentación de entender la condición familiar humana como algo estático, razón por la que hemos huido del camino que conduce al análisis de la estructura familiar, tan de moda en los estudios de familia. Para el autor si bien la familia es un hecho definitorio e identitario básico, las estructuras familiares no son inmutables. La familia se hace continuamente con la historia. Es por ello que la realidad familiar se presenta como plural lo mismo contemporánea que históricamente. Desde el punto de vista del análisis sincrónico nos encontramos que tanto las familias así llamadas tradicionales (que separan producción de reproducción) como las así llamadas modernas (que no lo separan) pueden ser funcionales o no y que la funcionalidad no depende tanto de la estructura como de las notas de función (recordémoslas de nuevo: equidad, socialización, transmisión cultural y control social), si bien estas notas distinguen entre óptimos y pésimos familiares que apuntan estructuras mejores y peores en donde podemos encuadrar situaciones familiares o parafamiliares diversas. Por otro lado, desde el punto de vista del análisis diacrónico histórico también tenemos una pluralidad de realidades familiares y parafamiliares que distinguen familias poligámicas, matriarcales, abunculares, etc. El caso es que independientemente de la legitimidad o ilegitimidad que podamos encontrar en las tipologías de estructura familiar, el cambio o carácter dinámico es algo intrínseco al estudio de la familia. Podríamos decir que si bien la familia está en el genotipo humano, sus tipologías, manifestaciones y derivaciones proceden del fenotipo.

Algunos estudiosos de la realidad familiar se han centrado en la descripción estructural y al comprobar la pluralidad familiar y sus tipos han abandonado al individuo a su suerte haciendo depender su estatus, salvando los derechos humanos que ampara el estado, del juego entre la costumbre y la libertad. Nos parece una opción equivocada en la medida en que de ella se desprende que la familia es algo que está fuera del individuo. Este autor cree, por el contrario, que es preciso rescatar al individuo de esta soledad ontológica no ya solo subrayando el carácter social de lo humano como hacen algunos filósofos arrepentidos de los destrozos que ha producido su ignorancia sociológica, sino viendo a la familia en el individuo y profundizando en las consecuencias que depara el entendimiento de la extrañeza.

Así, en el debate entre reciprocidad y complementariedad, apostamos por la complementariedad que reconoce la diferencia frente a la reciprocidad que supone la mera replicabilidad (que algunos entienden como igualdad). Como dice Karol Woytila hablando de Dios, del hombre también se puede decir que en su intimidad no es soledad sino familia, lo que apunta a entender la diferenciación individual como una cualidad y no una cantidad.

Este es a nuestro juicio una de las lacras más penosas del liberalismo práctico: su concepción materialista de la igualdad. En esto el comunismo y el liberalismo están mucho más cercanos de lo que parece. En ambos casos el sujeto individual, en uno por imposición y en otro con libertad, asume su distinción en base a criterios cuantitativos. Sin embargo, para nuestra visión del individuo, una concepción no materialista de la igualdad ha de tener en cuenta necesariamente las necesidades espirituales y trascendentes, es decir los afectos, el altruismo solidario, la equidad generacional, etc. Necesidades estas que se manifiestan propiamente en la familia. Difícilmente podremos hablar, pues, de igualdad sin referirnos a la familia.

Un liberal objetará enseguida, que si desdibujamos al individuo estamos arrinconando su libertad. No es verdad. Afirmando la familia estamos al mismo tiempo afirmando al individuo pues es precisamente en la apuesta por las capacidades como nos encontramos a la postre con individuos libres. La introducción de las capacidades en el debate moderno sobre la libertad se lo debemos a uno de los pocos Nóbel en economía no neoliberales de los últimos 20 años: Amartya Sen. Sen habla de capacidades donde antes solo se hablaba de necesidades y si bien él se refiere a ciertos intangibles de la acción de gobierno en el fomento del desarrollo de los pueblos como puede ser la educación, observamos que las capacidades humanas se nutren y llenan fundamentalmente en la familia.

Es la familia la que nos capacita mediante el cumplimiento cabal de sus funciones para ser los individuos que somos o podemos llegar a ser. Esta capacitación familiar se basa, a diferencia de otras capacitaciones como la que procura la enseñanza obligatoria, en criterios de complementariedad y no de reciprocidad. En la familia, podemos decir que afortunadamente, se nos trata y capacita de manera distinta porque se nos conoce diferenciadamante con criterios de calidad que apuntan también necesidades no materiales.

Naturalmente la contraparte de este apoyo es la extrañeza: el hecho de que el apoyo no es transferible universalmente. Este hecho puede verse como negativo solo si lo observamos de modo superficial o lo enfocamos con un prejuicio cuantitativo. Pero si entendemos la extrañeza como la contrapartida necesaria a que seamos tomados en cuenta como portadores de necesidades que son también de naturaleza espiritual, veremos la extrañeza como algo positivo. Yo no quiero ser amado o querido por mis padres como son queridos por ellos los hijos de los demás: quiero, necesito, ser querido como su hijo, y ello es lo mismo que decir que los demás sean queridos como extraños. Para el liberalismo todos somos igualmente extraños. Para nuestra visión comunitarista, no: la distinción entre propios y extraños es esencial a nuestra individualidad y ella es a la postre necesaria para aspirar a la igualdad. Una igualdad que está basada en el desarrollo de las capacidades que se realizan en el entorno familiar.

III. *Repensar el estado*

Una de las paradojas más dolientes de las economías desarrolladas es que los aumentos de riqueza y bienestar no han incidido de manera proporcionada en la desaparición de la lacra de la marginación. Hasta tal punto es esto cierto en muchos países que podemos decir que independientemente de los niveles de renta, donde acaba la familia empieza la marginación.

Muchos economistas y teóricos del derecho están dispuestos a considerar la justeza de esta última afirmación y en base a ella replantearse la naturaleza del estado liberal moderno[19]. Ya hemos hablado aquí de que el reconocimiento del sujeto familiar implica necesariamente un repliegue del estado al tener que acomodar un tercer sujeto en el espacio en el que hasta ahora habitaban dos. Vamos a ver a continuación otras

---

19. Algunas de las voces más interesantes se hacen oír desde la teoría de las relaciones internacionales y abogan por la deconstrucción del estado moderno (*vid.* John Ruggie, "Territoriality and Beyond: Problematizing Modernity in International Relations" en *International Organization*, I,1993) o más certeramente por trascender el estado nación, tal y como proponen Pierre Manent (*vid.* "Democracy without Nations" en *Journal of Democracy*, Abril, 1997, y *Cours Familier de Philosophie Politique*, Fayard, 2001) o Philippe Schmitter (*vid. How to Democratize the European Unión and Why Bother*, Rowman & Littefield, 2000). Para un análisis brillante de los obstáculos a la libertad que puede poner la democracia de los estados en un mundo globalizado *vid.* Fareed Zakaria: *El Futuro de la libertad* (Taurus, 2003). Los retos modernos en el estudio de las relaciones internacionales han sacudido la tranquilidad que respiraba la teoría de la democracia ya que a fin de cuentas si el estado no da la seguridad ni procura la igualdad de oportunidades de las que hasta hace poco se consideraba garante, ¿no habrá que repensarlo?

dimensiones del replanteamiento del estado derivado del reconocimiento del sujeto familiar en el ámbito de la teoría política y particularmente los retos que plantea la consideración del estado como agrupamiento de gente en un espacio.

Hay una paradoja en la pervivencia de los estados y es la derivada de que si bien se entiende el pueblo como un agregado de individuos libres, cuando estos, los individuos que se han dotado de la constitución que configura el estado, dejan de existir, el estado perviva en sus descendientes. La justificación que da la teoría política para que el período constituyente no esté abierto de continuo es de índole meramente práctica desde el punto de vista de los intereses del estado. Sin embargo, aparte del debate ya mencionado sobre la representación y participación de los individuos no adultos (o no libres) en la vida política, caben otras posibles justificaciones para considerar al estado liberal moderno como un estado permanente, entre ellas la de la que contempla al pueblo no como un agregado de individuos sino como un agregado de familias.

En efecto, si considΗeráramos que los que votaron la constitución la votaron solo para sí y no para sus descendientes, las constituciones se votarían con fecha de caducidad. No se hace así porque se entiende que el pueblo representado en el hecho constitucional incluye la descendencia. Es decir, porque implícitamente se reconoce un sujeto que vive aún cuando el individuo ha muerto y ese sujeto solo puede ser la familia si no se quiere aceptar, como entiende la democracia liberal frente a comunismo y fascismo, que exista otro sujeto soberano que podamos llamar clase o nación. Lo que tenemos aquí es que implícitamente el estado liberal moderno reconoce la familia para perpetuarse y sin embargo no la reconoce explícitamente para no menguar su poder. Esperemos solucionar esta paradoja de modo que la realidad familiar humana se exprese con libertad a costa de repensar el estado desde la óptica del reconocimiento explícito del sujeto familiar. Abogamos, en este sentido, por un estado distinto del actual.

Hay otro aspecto en el que la teoría política se está replanteando trascender al estado tal y como lo comprendemos hoy. Con la globalización democrática no cabe duda de que estamos planteando la urgencia de reconsiderar los criterios de ciudadanía en la medida en que entendamos que la ciudadanía depende de la territorrialidad. Parece que si la democracia sea la razón de ser del estado liberal moderno, esta, la democracia, sea también la razón de su superación[20]. El dilema lo plantea la consideración del sentido que pueda tener la frontera en un mundo globalizado y donde las formas de democracia inclusiva son cada vez más accesibles tal y como lo vemos en la realidad de la Unión Europea, por ejemplo. La pregunta clave es qué criterio nos parece adecuado para establecer la distinción entre ciudadano y no ciudadano[21]. Ese criterio ha dependido has-

20. Para un análisis comunitarista de los retos que la democracia plantea al estado providencia en el marco de la globalización *vid*. Benhabib, Seyla, "Dismantling the Leviatán: Citizen and State en a Global World", *The Responsive Community*, 11/2, 2001.

21. No entramos aquí en otras preguntas que hoy ventilan los liberales como son las que tienen que ver con la razón de eficacia de la mano invisible de que hablaba Smith. Nos referimos a lo que en términos organizativos se traduce en las dos premisas básicas de la eficacia grupal: cuantas más organizaciones de primer nivel, mejor, y cuantas menos organizaciones de segundo nivel, también mejor. Las organizaciones de primer nivel son las familias y en general todas las organizaciones directas que conforman lo que se llama sociedad civil (entre las que también están las religiosas), y las de segundo nivel son las asociaciones de esos grupos directos que devienen por tanto en grupos indirectos. En este sentido los gobiernos, los estados, y las asociaciones de asociaciones están en el segundo nivel donde aplicaría la premisa de E. F. Schumacher ("lo pequeño

ta ahora de la territorrialidad ¿es lógico que siga siendo así?

Creemos que no. El territorio ha sido determinante porque, entre otras razones, el estado ha tenido la llave maestra de la soberanía. En el momento de que con esa llave abramos a puerta a nuevos sujetos soberanos el territorio dejará de ser el lugar marcado por el límite de la frontera. Queremos decir que la frontera humana más clara es la de la extrañeza: la que distingue una familia de otra.

¿Tenemos necesidad teórica de disponer de otras o más fronteras? La necesidad es meramente práctica desde el punto de vista de la democracia formal pero esta necesidad, como vemos que ocurre en Europa, no apunta necesariamente a la pervivencia del estado liberal moderno. Hasta

es hermoso"), o sea cuantos menos y más funcionales (al servicio de los grupos directos), mejor. Aparte está el asunto de la legitimidad de las organizaciones de segundo nivel o indirectas y que tiene dos vertientes: la legitimidad de origen (la legalidad formal y la continuidad) y la legitimidad de procedimiento (la democracia). El reto liberal es pues precisamente el de asumir la humildad: compaginar en organizaciones poderosas (los estados) la fortaleza de la legitimidad con la humildad de saberse menos que las organizaciones de primer nivel.

ahora no podíamos entender la democracia sin estado, ahora estamos empezando a ver que la democracia puede subsistir sin él. Y ello es, sin duda, una buena noticia.

III
Consecuencias

Concluimos en esta tercera parte nuestro trabajo con la intención de concretar las aspiraciones que expusimos al inicio en torno a propuestas operativas derivadas de la visión que hemos expuesto. Estas propuestas no son propuestas para la acción, entendida como acción política. Son más bien propuestas para el desarraigo, entendido este como desarraigo cultural.

El autor no piensa que la cultura moderna pueda mejorarse con el reconocimiento del sujeto familiar ni que el hecho familiar humano pueda llegar a sentirse reconocido y amparado por la cultura moderna. Mi opinión está con los que abogan por la conveniencia de reconocer la capacidad de generación cultural de la perspectiva de familia tal y como la hemos expuesto aquí. Creemos por tanto que la afirmación de la familia implica considerar finiquitado el orden cultural vigente y que hay que estudiar los mejores modos para salir de él.

El modo que creemos más adecuado es el del desarraigo y el desapego que implica dos posicionamientos intelectuales precisos. De una parte pensarse cualitativamente diferente en el anhelo de aspirar al derecho de reconocimiento familiar, un derecho conculcado por la cultura vigente (desarraigo). Y de otra parte, no pretender cambiar la cultura actual sino dejarla estar (desapego) al tiempo que se procura otra distinta en la que la realización familiar encuentre el marco donde proyectarse. De esto nos vamos a ocupar en el último capítulo de nuestro libro.

*Cuando todos olvidan que vivimos estamos muertos, somos
ausentes. Si en otro corazón no vive el hombre,
ha muerto ya, Dios mío, para siempre.*

(Rafael Morales)

8. Las razones del exilio

En este capítulo final voy a dirigirme especial-
mente al lector neoconservador con la esperanza,
que espero no haya sido vana, de que se me haya
permitido llegar hasta aquí. Creo que las diferencias entre el multifamilismo y el comunitarismo
familiar que defendemos aquí resultan obvias y
tajantes. A la cultura social de los próximos años
se le abre una disyuntiva precisa. De un lado está
la descomposición de la modernidad que encum-
bra el individualismo y que tiene al multifamilismo como su directa consecuencia, y de otro está
el comunitarismo que presenta a la familia como
sujeto soberano. La tesitura del neoconservador
es pues difícil: o se enquista en guetos cerrados
de difícil justificación democrática o se adecua a
los tiempos optando con riesgo a lo desconocido
bien por el individualismo o bien por el comunitarismo. Mi pretensión es mostrar los méritos de
la segunda opción, el comunitarismo, con ánimo

de ganar razones en esta confrontación cultural porvenir de modo que el individualismo deje en efecto de impregnarlo todo cuanto antes mejor.

Bien sé que si esta confrontación cultural la planteásemos en terrenos políticos tendría ante mí una inercia opuesta pues la alianza entre liberales y conservadores ha sido hasta ahora un recurso común. Menos mal que aquí no se trata de política sino de ideas. Estas son muy escasas en el campo conservador: en su alianza política con los liberales casi todas las ideas las ponían estos últimos[1]. El conservador, no obstante, tiene entre sus intereses la defensa de la familia y a ese interés apelamos aquí para poner al conservador en una tesitura finalista que concretamos en una llamada en los siguientes términos: si es verdad que apuestan ustedes por la familia, si esa defensa es generosa y personalmente desinteresada, si su apuesta por la familia no deviene de ningún prejuicio exclusivista amparado en el deseo de perpe-

---

1. A pesar de la controversia con las ideas liberales el comunitarismo se sitúa a su lado al menos en un punto en el que ambos, liberalismo y comunitarismo, plantan cara a socialismo. Frente al estatismo socialista los liberales defienden menos estado y más mercado y los comunitaristas también menos estado y más comunidad.

tuación de patrimonios y rentas, entonces, dejen ustedes de ser conservadores, solo así defenderán de verdad la institución familiar humana.

No pensamos que esta llamada sea un reto imposible. Lo que el conservador necesita para dejar de serlo no es convencerle de lo contrario, que cambie de ideas, como habría que hacer con el liberal, porque en verdad el conservador tiene pocas. Lo que es pertinente es hacerle ver y justificar la necesidad del cambio. Con eso es suficiente. Lo que pretendemos es pues hacerle ver la conveniencia de cambiar, de dar un paso al frente, de apostar por algo distinto de lo que se ha apostado hasta ahora. En el momento en que este mensaje se acepta, el conservador ha dejado de serlo.

Ahí, en ese momento en el que se concluye que hay que cambiar, es conveniente tener unas ideas a mano a las que agarrarse. Yo ofrezco las comunitaristas. Se trata de ideas nuevas de consecuencias revolucionarias. En el repaso histórico de opciones que han sido abrazadas por el pensamiento conservador al dejar de serlo, podemos decir que las ideas nacional-socialistas tuvieron su oportunidad de justificación histórica y la perdieron dramáticamente, como después ocurrió también de manera no menos traumática con las ideas internacional-socialistas. Ahora parece que es el momento del liberalismo, pero este no deviene actualmente en promesa de algo mejor[2]. El futuro como utopía pertenece hoy al comunitarismo. Veamos porqué.

I. *El contexto actual*

El conservador suele temer la libertad. Piensa que los humanos somos iguales por norma no por ansia y concluye que la medida se nos impone. Para él el devenir pasa por nosotros como una apisonadora ante la que poco podemos hacer más que sacar el mejor provecho posible de su curso. Como consecuencia no suele entender que los humanos somos históricos en más de un sentido.

2. La piedra de toque del fracaso de la panacea del mercado a nivel práctico ha sido la crisis medioambiental que en cierto modo ha sido producida por el mercado mismo (*vid.* Un análisis global al respecto en: Ballesteros, J y Pérez Adán, J. *Sociedad y Medio Ambiente*, Trotta, 1997). A nivel teórico el fracaso de las ideas liberales radica en la contradicción de la igualdad. Contrariamente a lo predicado por sus ideólogos (*vid.* Dworkin, Ronald, *Virtud soberana: la teoría y la práctica de la igualdad*, Paidos, 2004) la desigualdad es la lacra social más importante del mundo moderno.

Un sentido que el conservador suele fallar en entender es precisamente el que proporciona la sociología y que entiende las normas y deberes como emanadas de dentro de lo humano que se hace y se rehace de continuo con el paso del tiempo. En este recelo tiene mucho que ver la idea de Dios que ha primado en los planteamientos conservadores.

Diríamos que el sentido de la historia que nos proporciona la sociología, por ejemplo cuando se utiliza la expresión de construcción cultural referida a una norma, deviene de un entendimiento teológico de Dios que no es el clásico (precristiano) del Dios hacedor de naturalezas (entre ellas la humana) inmutables y fijas. Para esta nueva perspectiva Dios no solo está fuera del tiempo (el Dios creador que crea lo humano de una forma y no de otra y que por tanto implícitamente dicta las normas del comportamiento humano), sino que también está dentro del tiempo con nosotros los humanos (el Dios redentor cristiano, que constituye precisamente la novedad del evangelio). Aquí la historia humana forma parte de la naturaleza humana en el sentido que esa naturaleza no existiría sin la historia.

A la mente conservadora esto le fuerza a plantearse cuestiones complejas donde antes reinaba

la simplicidad (algunos dirían que la simplone-
ría) de la cosmovisión aristotélica de separación
entre naturaleza y cultura. No creemos que estas
dos categorías puedan separarse y mucho menos
que ello pueda hacerse una vez que hemos sido
testigos de la historia científica del siglo XX, que
nos ha mostrado que el conocimiento humano y
la práctica del desarrollo que de él se sigue puede efectivamente acabar con el entorno en el que
habitamos (en esta posibilidad de destrucción, de
autodestrucción, radica precisamente el planteamiento de Ulrich Beck y la sociedad del riesgo[3]).

Al conservador hay que hacerle ver que aceptar el cambio histórico no es cambiar al hombre.
La falta de rigor de gran parte del planteamiento
conservador y la ligereza con que el neoconserva-
durismo critica los entendimientos culturalistas
de la historia, está precisamente en esta descon-
fianza. No, cuando se habla de que el género es
fruto de una construcción social, que lo es, no se
está diciendo que el hombre se cambia a sí mismo
su naturaleza porque así le viene en gana. El hom-

---

3. Uno de los conceptos más recurrentes en la sociología contemporánea desde la aparición del original en
alemán en 1986. *Vid.* Beck, Ulrich, *La sociedad del riesgo;
hacia una nueva modernidad*, Paidos, 1998.

bre no cambia frente a lo que lo hace hombre, es decir frente a Dios. Cambia con respecto al hombre de otro tiempo: cambia sus valores, entre ellos los genéricos, y en definitiva su cultura.

Pero el cambio, que es motor de la historia, plantea una cuestión que está ahora más que nunca sobre la mesa de debate. Se trata de la cuestión identitaria que también podíamos plantear como la del reto de compaginar el cambio, asumir no ya el cambio pasado sino la necesidad de cambiar, con el reconocimiento de identidades colectivas[4].

4. Para un análisis magistral del debate transdisciplinar sobre qué es lo que nos hace humanos, *vid.* Degler, Carl, *In Search of Human Nature*, Oxford, 1991. El asunto de actualidad recurrente cobra dimensiones de urgencia cuando nos enfrentamos a las posibilidades de redefinición identitaria que plantea la manipulación genética. El debate entre genetistas capitaneados por Edward O. Wilson, que publicó *Sociobiology* en 1975 y *Naturalist* en 1994 y ambientalistas capitaneados por Richard P. Lewontin, que publica su *Not in our genes* en 1984 y *It Ain't Necessarily So* en 1992, con las ayudas a Wilson de Richard Dawkins (*El gen egoísta*, Salvat, 2000) o del citado Ridley, y a Lewontin por parte de Stephen J. Gould (*La estructura de la teoría de la evolución*, Tusquets, 2004), muestra lo poco que sabemos sobre lo que nos une. Al mismo tiempo el debate ilustra sobre las dificultades de la transdisciplinariedad en

Hablar de identidad con el conservador es en definitiva plantear la cuestión de la exclusión, que es por otro lado la cuestión dominante para el futuro de la democracia. Se plantea la necesidad de reconocer identidades en el sujeto soberano (nos referimos ahora al pueblo) sin que esa identidad genere exclusión.

El tema es de calado máxime cuando como hoy nos encontramos en el contexto de la globalización y de la interconexión con la gestión o comprensión de identidades colectivas en sociedades que llamamos pluralistas. Ante el desafío de entender al pueblo como un conjunto de gente con diferente cultura, origen, raza, experiencia política, costumbres y religión, la cuestión identitaria puede plantearse en dos sentidos: como

---

la medida en que alegremente se traslade la rotundidad de la regla física que afecta a materia inerte a la regla biológica que afecta a materia animada (como hace Wilson sin argumentarlo debidamente). Comte ya intentó hacer este traslado desde la física a la sociología sin éxito alguno dejando sentado que los sueños unificadores bajo leyes ocultas que se pretenden descubrir corren el peligro de transformar la ciencia, también la ciencia actual, en mera alquimia. Para un brillante análisis de los límites del genetismo *vid.* Jouvé de la Barreda, Nicolás: *Biología, vida y sociedad*, A. Machado, 2004.

una cuestión de fondo o como una cuestión de formas. El liberal se va con la segunda: la identidad procedimental que supone la participación y experiencia democrática y asume la neutralidad que integra y supone la pluralidad. En este barco están Rawls, Dworkin, Bauman y Pettit[5]. La identidad es aquí política, ni cultural ni histórica. Esta postura, hoy mayoritaria, le dice al conservador que la única esperanza de permanencia que tiene es la de continuar sin cambio como un núcleo fijo en un cosmos social diverso. O sea, la respuesta que le da el liberal a los problemas de identidad que le plantea el conservador es el canto de sirena de prometer que no tendrá necesariamente que comprometerse con ningún cambio pero que tendrá que contentarse con vivir en un gueto. Y muchos conservadores lo han aceptado.

---

5. El entusiasmo de la adscripción varía. Quizá sea Bauman el más escéptico de los cuatro (cfr. Bauman, Zygmunt y Tester, Keith, *La ambivalencia de la modernidad*, Paidos, 2002 y Bauman, Z. *Modernidad líquida*, Fondo de Cultura Económica, 2002) reconociendo la pérdida de solidez (liquidación) de la última modernidad en el repliegue hacia el yo. En cualquier caso se insiste en un republicanismo liberal que a veces, como en el caso de Philip Pettit, intenta ser al mismo tiempo socialdemócrata (cfr. *Republicanismo*, Paidos, 1999).

Hay aquí, sin embargo, serios problemas conceptuales sin resolver. Uno de ellos es el de cómo se pueden distinguir los procesos de las metas a las que llevan esos procesos. Es decir, ¿hay procesos que sean reconocidos por todos como neutrales? La discusión y el debate político está casi siempre conducido en líneas y desde planteamientos partidistas que obedecen a culturas, propósitos y compromisos concretos, distintos y rivales. ¿Cómo puede pensarse que las razones procedimentales son las únicas que se dirimen en la arena política? Creemos que no y que son la disparidad de metas y supuestos lo que produce los diferentes criterios de procedimiento con lo que estos están muchas veces cargados de razones y no pueden considerarse neutros.

Otro problema que la solución liberal oculta es el de suponer que hay decisiones cuya neutralidad está garantizada por haber sido canalizadas a través de procedimientos acordados. No es así. Los franceses quieren pensar que la prohibición del velo en las escuelas es una decisión neutra (laica) que dispensa de la necesidad de negociar el espacio público que la gente quiere darle a según qué símbolos en según qué ambientes. Algo así como contradecirse afirmando que los principios no se debaten por principio. ¿Y no sería más neutro y plural debatir precisamente eso, los principios? En fin, esta postura no nos parece la más razonable.

Afortunadamente la cuestión identitaria puede plantearse también en otro sentido. Ese otro sentido es el que trae a colación la necesidad de que la gente, el pueblo, se reconozca a sí mismo en la configuración política de la vida en común. Ello plantea la pluralidad desde una óptica distinta. La solución liberal es la de una sola unidad diversa. La solución comunitaria defiende que la pluralidad está mejor asegurada con muchas unidades. La identidad no se plantea aquí en torno a los procedimientos sino también y mayormente en base a los elementos constitutivos fruto de la acción y libertad humanas. En este barco están Etzioni, Taylor, y también Nozick[6].

La posibilidad de que se den al mismo tiempo la identidad y el cambio deviene a nuestro juicio en necesidad para evitar que la democracia genere exclusión y proliferen los guetos, marco de

6. Para un análisis de la obra de Robert Nozick vid. *Reformist Anarchism* pp. 167 y ss. Las propuestas de Charles Taylor pueden cotejarse de manera sucinta en su trabajo "No Community, No Democracy" I y II, *The Responsive Community*, 13/4 (2003) y 14/1 (2004).

conflicto al que inevitablemente lleva a la larga el supuesto liberal. Las identidades colectivas en la medida en que son conformadas y construidas de continuo suponen la permanente apertura a cerrar acuerdos varios sobre los espacios de comunicación identitaria. La identidad colectiva se hace, se descubre y se transforma mediante el diálogo: negociando y reafirmando la común pertenencia, y también la separación, aún y cuando en el supuesto de las identidades políticas pensemos que hay asuntos innegociables como los derechos humanos. Una identidad que no contemple el cambio nos parece excluyente en el contexto moderno de la globalización y un cambio que no contemple la identidad nos parece poco democrático. Ambas trazas deben darse al tiempo y pueden y deben convivir en un futuro previsible.

Así las cosas, cabe preguntarse ahora si este escenario es mejor que su opuesto para la dimensión familiar de la existencia humana. La pregunta que se haría el conservador vendría a ser: ¿a pesar de los riesgos que entraña todo cambio y de la indefinición de las identidades colectivas que pueden llegar a conformarse, por qué vale la pena apostar por el comunitarismo frente al liberalismo cuando este no me obliga de entrada

a asumir esos riesgos? La respuesta que le damos
es por la familia. Aparte de que creamos que los
cantos de sirena del liberalismo son eso, engaños,
y que la familia no puede sobrevivir si se le entrega todo poder al estado, pensamos que la familia
es constitutiva de nuestra humanidad y que es-
pontáneamente se manifestará en cuanto no se la
constriña, esto es, en cuanto entablemos en libertad, diálogos sobre nuestras señas de identidad.

En ningún momento de la historia humana
hemos estado ni siquiera cerca del reconocimiento de la identidad familiar como sujeto soberano. Pienso que el estado de satisfacción de necesidades materiales que ha conseguido asegurar
el desarrollo tecnocientífico acumulado en los
últimos tiempos permite ahora plantearse con
seriedad el paso al frente que supone desde el
punto de vista del progreso democrático abrirse a
nuevas identidades. Las ventajas del goce de estas
nuevas libertades, valen la pena superar el miedo
al cambio que puede impedir que algunos dejen
al liberalismo a su suerte.

II. *Escenarios porvenir*

Como se habrá podido percibir a lo largo del
libro, el autor mantiene sus lealtades anarquis-

tas de base en el sentido que ya manifestamos
al inicio de la aventura académica en nuestra
tesis doctoral, de distancia respecto a los presupuestos ideológicos y prácticos del anarquismo
latino y de proximidad a los planteamientos del
anarquismo reformista anglosajón[7]. Esa comu-
nión ideológica con pensadores anarquistas mo-
derados y particularmente los cristianos como
Eric Gill o Dorothy Day, se hace moderna en el
enriquecimiento que supone aceptar y proponer
la ideología comunitarista tal y como la hemos
expuesto aquí[8]. Nuestra postura puede resumir-

7. En *Reformist Anarchism*, op. cit., sobre todo en pp.
224 a 229. El anarquismo reformista acepta reformar el
estado con el objetivo de alcanzar en cada contexto histórico el mínimo estado posible que garantice la dignidad de
las personas y la viabilidad de la empresa en el concierto
internacional, un objetivo similar al que procura un estado
en el que se dé la máxima subsidiaridad posible.

8. Existe una tradición anarco cristiana que ha sido
todavía poco estudiada pero que tiene insignes exponentes
prácticos, caso de las reducciones jesuíticas o de los asentamientos promovidos por el gran obispo Vasco de Quiroga
en el Virreinato de la Nueva España, y teóricos, caso de la
obra de nuestro entrañable Carlos Díaz. Para recabar fuentes de aproximaciones teóricas modernas que relacionan
comunitarismo, cristianismo, y anarquismo, *vid.* la página
en red de la AIC, Asociación Iberoamericana de Comuni-

se en dos premisas básicas: a) la apuesta por la libertad del sujeto familiar, y b) la apuesta por la disminución del poder del estado, de modo que las relaciones de poder contemplen el equilibrio dinámico de soberanías: la individual en base a los derechos humanos, la comunal basada en el reconocimiento de la familia y de las sociedades o comunidades intermedias, y la estatal como expresión de la herencia histórica del uso colectivo de la fuerza que es necesaria en el marco de las relaciones internacionales[9].

En el plano ideológico el escenario de debate que contemplamos como más urgente para los próximos años es el debate entre la familia y el estado. En este debate toma parte activa, al menos en el contexto cultural de nuestras sociedades de herencia cristiana, el papel a jugar por la Igle-

tarismo: https://ulia.org/comunitarismo y la obra colectiva *La revalorización de la comunidad* publicada por la ODCA, Organización domócrata- cristiana de América, con sede en Santiago de Chile en 2004.

9. Algunos han etiquetado nuestra postura como comunitarismo cristiano, otros como anarcocomunitarismo. Nosotros preferimos llamarle simplemente comunitarismo en la medida en que se trata de un planteamiento abierto a la novedad y, en línea con lo manifestado aquí, un planteamiento en construcción continua.

sia que será a mi juicio un papel determinante y decisivo en la suerte final de las aspiraciones de la familia por ver reconocida su soberanía.

Si hay una fuerza capaz de hacer retroceder al estado y de propiciar un nuevo pacto de convivencia que alumbre las ansias de libertad de esa parte de nuestra humanidad que se manifiesta como tal en los entornos familiares, esa fuerza es la capacidad de movilización de la Iglesia católica. La Iglesia para poder desempeñar esta función catalizadora de aspiraciones de libertad debe primero librarse a sí misma de la dependencia estatal y ello choca con una dificultad de orden interno que es al mismo tiempo un obstáculo ideológico importante. Me refiero al predicamento del que gozan en la Iglesia las tendencias y planteamientos conservadores.

El peso de esta inercia no es, sin embargo, imposible de remover. Al menos en España el peso que en la Iglesia tienen los nuevos movimientos, con planteamientos más evangélicos y menos conservadores, es importante y no creo que esté lejano el día en que la Iglesia sorprenda al mundo así llamado laico con propuestas rompedoras que den por superados planteamientos caducos en las relaciones Iglesia-Estado. En ello tendrá bastante que ver el tránsito hacia una progresiva pagani-

zación de la cultura que tarde o temprano hará
recapacitar a la Iglesia sobre hasta qué punto está
cooperando indirectamente en ese proceso mediante el mantenimiento de los acuerdos con el
Estado. Dos asuntos punteros para la reflexión
colectiva de los católicos vendrán determinados,
por un lado por el examen bien de la cooperación
fiscal con el estado que se convierte en agente
destructor de vidas humanas mediante la comisión de abortos en centros públicos con dinero
público, o bien en agente de agravios contra la
familia mediante la asunción del multifamilismo
como ideología de estado. Por otro lado, tenemos
el asunto de la regulación de la enseñanza por
parte del estado que impone modelos y pautas
también a los centros privados y religiosos mediante la concertación educativa. En ambos casos, el de la defensa de la familia y de la vida,
y el de la libertad de enseñanza en igualdad de
condiciones, la confrontación abierta y directa
Iglesia-Estado sustituirá tarde o temprano a los
acuerdos hoy vigentes. Para este cambio que se
avecina la Iglesia se supone que se dotará a sí misma de la coherencia y unidad interna precisa para
afrontarlo con éxito y ello pasa por la sustitución
de los planteamientos y elementos conservadores
en beneficio de los evangélicos.

Una Iglesia libre, independiente y soberana, es el mejor aliado que pueden encontrar las familias en su lucha contra la imposición del multifamilismo por parte del estado. Una Iglesia así es, por otro lado, la expresión y consecuencia normal de la vitalidad de la familia como bien demuestra Rodney Stark en su acertado análisis en *El auge del cristianismo*[10] que examina las razones sociológicas del triunfo cristiano de la primera evangelización en los siglos II, III, y IV. No está desacertado quien piense que similares requisitos podrían ser las condiciones de éxito de una segunda evangelización por la que se han hecho llamadas y para la que se ha venido urgiendo en el último pontificado. La relación de vitalidad paralela de la familia y de la Iglesia es un hecho histórico comprobado y, por lo que se refiere a la primera evangelización, esa alianza tuvo al estado enfrente. Son éstas, consideraciones que sabemos pesarán en la decisión de la Iglesia de re-

---

10. Andrés Bello, 2001. La tesis de Stark, como la tesis de Putman (*vid.* Putman, Robert (ed.) *El declive del capital social*, Galaxia Gutenberg, 2003) es que había más capital social en el primitivo cristianismo en la medida en que asumía los valores familiares y los extendía frente al individualismo de la cultura pagana romana.

formarse para afrontar un escenario político que parece próximo.

En este escenario los defensores del orden preestablecido se esforzarán en justificar las razones de permanencia dentro del estado y tratarán de convencer de su excelencia a quienes pueden irse sin necesidad de moverse de su sitio. Por otro lado los que apuestan por un estado que comparta soberanía con la familia apostarán por una confrontación que tendrá su manifestación más clara en la salida voluntaria del estado de los que se consideran prisioneros de su poder y ven como poco probable que este se retire de un terreno que considera conquistado. Y es que hoy por hoy, a diferencia de épocas pretéritas, esta salida sin viaje, el exilio cultural, político y económico, son posibles sin la contrapartida del exilio geográfico. A nosotros, de acuerdo con los pronunciamientos y opiniones vertidas aquí, nos parece un exilio deseable.

A lo que nos referimos es a hacer frente al monopolio soberanista del estado yéndonos de él a un exilio interno que ponga en el horizonte político inmediato la permanente reivindicación sobre la necesidad de llegar a acuerdos para el reconocimiento explícito del sujeto familiar. Pensamos en el exilio mental de quien se piensa

diferente y exterioriza esa convicción denuncian-
do la colonización cultural que supone asumir la
creencia que el estado liberal moderno tal y como
se concreta en la práctica de las democracias oc-
cidentales es la panacea de todas las libertades y
que aspirar a más ya no es necesario. Y

como ese pensamiento para convertirse en
acción necesita impacto, creemos que asumir la
propia condición de exiliado implica la no cooperación con ciertas medidas definitorias del sta-
tus quo actual. Una acción nos parece de entrada
prioritaria: la moratoria para con la parte proporcional de la contribución fiscal para aquellas
partidas del gasto estatal que suponen la conculcación activa de los derechos de la familia y del
derecho a la vida.

Lo importante, no obstante, aquí es la sustitución ideológica. La razón de oposición al estado liberal moderno es una razón de principio
que apunta hacia un cambio de paradigma. Un
cambio que opera primero en el exilio interno y
que tiene la aspiración de crear un universo de
acogida en el que se puedan realizar las aspiraciones de libertad y de bondad que suponen el
reconocimiento pleno de nuestra humanidad.

La propuesta no es totalizante. No se aspira
a que los que no entienden la familia como en-

torno de realización humana asuman de repente un nuevo credo y se rijan por él. Lo que se
pretende es que los que sí que entienden que el
hecho familiar humano es ámbito propio de humanidad tengan la libertad de reconocerse como
humanos en el ejercicio de la vida política y no
tengan necesariamente que impersonar los valores de una ideología que consideran postiza para
poder intervenir en la toma de decisiones colectivas. Quien no vea la necesidad de dar poder a
la familia que no asuma ese poder, pero ello no
debe de impedir que las familias de los demás
puedan reconocerse como familias en el ejercicio
de la política sin tener que asumir ni condiciones
ni costes extras.

El autor no piensa que el estado liberal se
comporte liberalmente ante las reivindicaciones
que en esta línea puedan plantearse. Más bien,
al contrario, opina que sabiendo la pérdida del
monopolio de poder que representa aceptar las
propuestas comunitaristas y el reconocimiento
del sujeto familiar, el estado plantará cara a estas
reivindicaciones actuando contra quien pueda
abanderarlas. La objeción de conciencia fiscal no
está reconocida por casi ningún estado, no obstante ello, creemos que esa práctica debe de ser
llevada a cabo por quien mejor puede abanderar,

en nombre de la vida humana, de su dignidad y libertad, los valores que aquí hemos expuesto. No nos cabe duda en señalar a la Iglesia como la institución que más efectivamente puede hacer que el estado se avenga a considerar estos planteamientos y en definitiva a reconocer a la familia como humanidad en acción. Ello le costará a la Iglesia penas, cárcel incluso, pero al final valdrá el esfuerzo.